Augustin Jérémie Doui-Wawaye

Communication et Internet en République centrafricaine

Augustin Jérémie Doui-Wawaye

Communication et Internet en République centrafricaine

La communication à l'épreuve de l'internet : entre pauvreté numérique, droit d'accès et utilité en Rép. Centrafricaine

Presses Académiques Francophones

Impressum / Mentions légales

Bibliografische Information der Deutschen Nationalbibliothek: Die Deutsche Nationalbibliothek verzeichnet diese Publikation in der Deutschen Nationalbibliografie; detaillierte bibliografische Daten sind im Internet über http://dnb.d-nb.de abrufbar.

Alle in diesem Buch genannten Marken und Produktnamen unterliegen warenzeichen-, marken- oder patentrechtlichem Schutz bzw. sind Warenzeichen oder eingetragene Warenzeichen der jeweiligen Inhaber. Die Wiedergabe von Marken, Produktnamen, Gebrauchsnamen, Handelsnamen, Warenbezeichnungen u.s.w. in diesem Werk berechtigt auch ohne besondere Kennzeichnung nicht zu der Annahme, dass solche Namen im Sinne der Warenzeichen- und Markenschutzgesetzgebung als frei zu betrachten wären und daher von jedermann benutzt werden dürften.

Information bibliographique publiée par la Deutsche Nationalbibliothek: La Deutsche Nationalbibliothek inscrit cette publication à la Deutsche Nationalbibliografie; des données bibliographiques détaillées sont disponibles sur internet à l'adresse http://dnb.d-nb.de.

Toutes marques et noms de produits mentionnés dans ce livre demeurent sous la protection des marques, des marques déposées et des brevets, et sont des marques ou des marques déposées de leurs détenteurs respectifs. L'utilisation des marques, noms de produits, noms communs, noms commerciaux, descriptions de produits, etc, même sans qu'ils soient mentionnés de façon particulière dans ce livre ne signifie en aucune façon que ces noms peuvent être utilisés sans restriction à l'égard de la législation pour la protection des marques et des marques déposées et pourraient donc être utilisés par quiconque.

Coverbild / Photo de couverture: www.ingimage.com

Verlag / Editeur:
Presses Académiques Francophones
ist ein Imprint der / est une marque déposée de
OmniScriptum GmbH & Co. KG
Bahnhofstraße 28, 66111 Saarbrücken, Deutschland / Allemagne
Email: info@presses-academiques.com

Herstellung: siehe letzte Seite /
Impression: voir la dernière page
ISBN: 978-3-8416-3818-2

Communication et Internet en République centrafricaine

La communication à l'épreuve de l'internet : entre pauvreté numérique, droit d'accès et utilité en République centrafricaine

Du même auteur

L'insécurité en République centrafricaine. Quel rôle pour le droit international ? L'Harmattan, 2015.

Repenser la sécurité en République centrafricaine, L'Harmattan, 2014.

Les droits de l'homme dans l'accord de Cotonou. L'introduction du respect des droits de l'homme dans les accords de partenariat entre l'UE et les groupes d'Etats ACP, Presses académiques francophones, 2013.

La sécurité et l'Etat de droit en République centrafricaine. La sécurité, la fondation de l'Etat centrafricain : contribution à la recherche de l'Etat de droit, Presses académiques francophones, 2012.

« Sans communication point de signes, point de parole, point d'idée, par conséquent » (Louis de BONALD, *Essai analytique sur les lois naturelles de l'ordre social, ou du pouvoir, du ministre et du sujet dans la société*, Paris, Editions Librairie d'Adrien Le Clere et Cie, 1836, p. 122).

Merci Professeur Pascal LARDELLIER pour avoir favorablement agréé
ma demande d'inscription en Master II Communication & Médiations.
Avec mon infinie reconnaissance !

Sommaire

Introduction générale

La vie en société exige que les Hommes communiquent entre eux. A ce propos, Philippe BRETON affirme que « Tout le monde, dans la pratique, communique »[1]. Cette assertion évoque l'idée selon laquelle toute société secrète un ensemble de réseaux de relations sociales dont l'individu a besoin au cours de sa vie. Même si à chaque société correspond une culture particulière faite d'objets matériels, de comportements institutionnalisés, d'organisations sociales, de connaissances techniques, de conceptions philosophiques et religieuses et enfin de créations esthétiques, la communication est la technique commune à utiliser pour véhiculer un message.

Etymologiquement, le mot « communication » dérive du latin *communicare*, formé de *cum* qui veut dire « ensemble, avec » et *munis* ou *munia* qui signifie « charge, fonction ». La communication désigne d'emblée une action ou un désir de « mettre ou avoir en commun »[2]. Pour le Larousse, la communication est un « échange verbal entre un locuteur et un interlocuteur dont il sollicite une réponse »[3]. Claude SHANNON donne une définition scientifique selon laquelle la communication est un « processus par lequel une source d'informations **A** tend à agir sur un récepteur d'informations **B** de manière à provoquer chez celui-ci l'apparition d'actes ou de sentiments permettant une régulation des activités de **B** ou de groupe auquel appartiennent **A** et **B** »[4]. Selon le schéma dégagé par Claude SHANNON un émetteur utilise du langage, des gestes, des attitudes ou des mimiques pour transmettre un message à un récepteur. Le message peut être verbal ou écrit, et donc codé. Il peut aussi être non verbal. Ce message non-verbal va compléter l'information.

---

[1] - BRETON Philippe, PROULX Serge, *L'explosion de la communication*, Paris, La Découverte, 2012, p.9.
[2] - *Dictionnaire Le Petit Robert 2015*, Paris, Editions Le Robert, coll. « PR1 », 17 mai 2014, voir « Communication ».
[3] - *Grand Larousse illustré 2015*, Paris, Editions Larousse, coll. « Dictionnaires généralistes », 5 juin 2014, voir « Communication ».
[4] - SHANNON Claude, *Théorie mathématique de la communication*, Editions Cassini, 2015.

L'information peut constituer le contenu du message que l'émetteur adresse au récepteur. Il y a des possibilités de communication à des distances et des époques différentes. C'est ainsi qu'on peut regarder un acteur à la télévision alors qu'il est déjà mort.

Le langage a été sans nul doute le premier outil que les membres d'une même collectivité pouvaient utiliser pour « se parler » autrement dit pour communiquer[5]. L'apparition de l'écriture, de la radio, de la télévision et aujourd'hui de l'internet est venue constituer ce que les professionnels en matière de sciences de l'information et de la communication appellent une « explosion de la communication »[6]. S'exprimer, écrire, regarder, écouter et « surfer » sont donc le vécu de la pratique communicationnelle d'aujourd'hui et apparaissent comme le fondement des droits de l'individu vivant dans une société[7]. L'invention de l'informatique, au milieu du XXe siècle, a opéré un profond bouleversement dans le domaine de la communication (I). Avec internet les possibilités de communication ne cessent d'augmenter et de se diversifier (II).

I. L'éclosion de la communication électronique

Les technologies de l'information et de la communication se sont considérablement développées et connaissent une importante diffusion sur toute l'étendue de la planète[8]. Les transformations qui y sont attachées, ont engendré un essor des techniques numériques à tel point que Jeremy RIFKIN évoque

---

[5]- VANOYE Francis, *Expression, communication*, Paris, A. Collin. 1990, p.9-10.
[6] - BRETON Philippe, PROULX Serge, *L'explosion de la communication* : op.cit.
[7] - « La libre communication des pensées et des opinions est un des droits les plus précieux de l'Homme : tout Citoyen peut donc parler, écrire, imprimer librement, sauf à répondre de l'abus de cette liberté dans les cas déterminés par la Loi ». – cf. Article 11 de la Déclaration des droits de l'homme et du citoyen [En ligne], URL : http://www.legifrance.gouv.fr/Droit-francais/Constitution/Declaration-des-Droits-de-l-Homme-et-du-Citoyen-de-1789
[8]- DACHAUX Eric, *Les sciences de l'information et de la communication*, Paris, CNRS, coll. « Les Essentiels d'Hermès », 2009, p.23.

l'idée d'une « Troisième Révolution Industrielle »[9]. Cette mutation s'est traduite par la mise en réseau d'un nouvel outil de communication appelé « l'électronique »[10]. Dorénavant, tout message peut être numérisé, c'est-à-dire édité sur des sites ou des blogs et transmis par mail ou sur des forums de discussion au moyen d'appareils que sont les ordinateurs[11].

Au sein d'un établissement, le réseau électronique même peut porter le signal d'une pièce à l'autre. Le système actuel de l'électronique grand public n'est pas nouveau. C'est sa généralisation grand-public si rapide qui est plus étonnante. Avec l'électronique, c'est maintenant 24h/24 que les échanges sont possibles, grâce à une généralisation des usages et une uniformisation des technologies. Peu importe les machines connectées, les standards de communication et de transfert se sont uniformisés. Aujourd'hui, tout est interconnecté et la permanence 24h/24 est garantie par des intermédiaires qui assurent le suivi entre les fuseaux horaires.

De façon banale, la communication électronique évoque des échanges d'informations entre amis, entre familles ou entre partenaires en affaires. Cela évoque, par exemple, l'histoire de cette grand-mère qui reçoit régulièrement les nouvelles de son petit fils vivant à l'étranger, ou encore celle de ces amoureux qui se contemplent chaque jour par webcam en dépit de la distance qui les sépare. Les ruraux ne sont plus obligés de passer par la radio pour avoir des informations. Plus généralement, le degré d'information d'un individu ne se mesure plus uniquement à sa position géographique sur la planète. Il peut être dans le village, le plus reculé au monde, et être informé aussi bien qu'en plein centre urbain, si et seulement s'il est connecté[12]. C'est ainsi que l'internet est

[9] - RIFKIN Jeremy, *La troisième révolution industrielle. Comment le pouvoir latéral va transformer l'énergie, l'économie et le monde*, Paris, Editions Les liens qui libèrent, 2012.
[10] - D'ARCY Jean, *Penser la communication au XXe siècle*, Paris, Publication de la Sorbonne, coll. « Histoire de la France aux XIXe et XXe siècles », 2014, p.45.
[11] - BOURDIN Aymeric, *Le numérique, Locomotive de la 3e Révolution industrielle ?*, Paris, Ellipses, p.13-15.
[12] - BIAGINI Cédric, *L'emprise numérique : Comment internet et les nouvelles technologies ont colonisé nos vies*, Paris, L'échappée, coll. « Pour en finir avec », 2012, p.52.

venu redéfinir les rôles de l'information et de la communication, de leur circulation et de leur exploitation au sein de la société.

II. L'internet au service de la communication

Avec l'avènement de l'internet, le message est disponible et instantané. L'internet constitue donc le moteur indispensable de la « Révolution informatique ». Par conséquent, là où il n'y a pas d'internet, l'individu est un exclu de la société de l'information.

En fait, « l'internet est un réseau informatique composé d'ordinateurs ou de réseaux d'ordinateurs qui, réunis en une vaste toile d'araignée mondiale, permettent la circulation d'informations numérisées »[13]. Être connecté réclame que l'ordinateur multimédia soit relié via un réseau porteur de signal, aux autres machines disséminées dans le monde. Pour y arriver, l'utilisateur de l'internet peut se servir du réseau téléphonique, de télédistribution, du satellitaire de longue distance ou de courte distance encore appelé wifi[14]. Aujourd'hui, tout est interconnecté et la permanence 24h/24 est garantie par des intermédiaires qui assurent le suivi entre les fuseaux horaires[15]. Autrement dit, un des grands avantages tirés de la généralisation de l'internet pour les utilisateurs est sa permanence. L'infrastructure est disponible 24h/24 offrant ses services en poste restante.

En Occident, le rôle essentiel de l'internet est bien compris, à telle enseigne que l'on évoque « un droit à la communication » et un accès à internet comme un « droit fondamental »[16] voire « un don de Dieu »[17].

---

[13] - BERHIN Michel et De THEUX Paul, « Internet et la communication globale » *in Media et animation*, avril 2007, [En ligne], URL : http://www.media-animation.be/Internet-et-la-communication.html

[14] -Selon le Dictionnaire Larousse Wifi est une abréviation de l'anglais Wireless Fidelity qui veut dire en français une fidélité sans fil. C'est donc un protocole de communication permettant de connecter des machines dans un réseau informatique, sans qu'elles soient connectées à l'aide de câbles réseau.

[15] - GUEDON Jean-Claude, *Internet : le monde en réseau*, Paris, Gallimard, coll. « Découvertes Gallimard – Sciences et techniques », 2000, p.36.

[16] - TEYSSIE Bernard, *La communication numérique, un droit, des droits*, Paris, Editions Panthéon-Assas, cool. « SC.JUR & POL », 2013, p.54.

En République centrafricaine, pays situé au centre du continent africain, d'où son nom « La Centrafrique», l'internet est arrivé en 2000. Il se trouve encore, plus de dix ans après, confronté à un certain nombre de défis. D'une part, la communication est encore mal appréhendée et mal utilisée. Les infrastructures communicationnelles sont fragiles et inadéquates. Le Ministère chargé de la communication reste le parent le plus pauvre des institutions, doté d'un budget dérisoire. Le poste est généralement confié à un chargé de communication dont les écrits et les prises de paroles sont de piètre qualité parce qu'il n'est pas expert en la matière.

D'autre part, la connexion à l'internet est très peu développée en République centrafricaine qui affiche un taux d'accès aux services des technologies de l'information et de la communication extrêmement faible comparativement aux autres pays d'Afrique. Ainsi, si l'on considère l'indice Networked Readiness Index (NRI) élaboré par le forum économique mondial et qui mesure le degré de préparation d'un pays à tirer parti des technologies de l'information et de la communication, la Centrafrique est mal classée[18]. L'édition de 2009-2010 de ce rapport classe la République centrafricaine à la dernière place. Par ailleurs, l'accès aux nouvelles technologies de l'information et de la communication est limité pour la majeure partie de la population, surtout celle des zones rurales. Pour la plupart des habitants, les possibilités d'utiliser les moyens modernes de communication pour exprimer leurs opinions et leurs points de vue sur des questions d'ordre national et public sont très restreintes.

La production et la diffusion de l'information et des messages au travers des organes de communication de masse, ainsi que le manque de personnels formés, dotés des compétences et des connaissances requises pour la conception, l'organisation, la gestion et l'utilisation des techniques et des moyens de

---

[17] - Agence France Presse (AFP), « Pour le Pape François, Internet est un don de Dieu », *Le Monde*, 23 janvier 2014.
[18] - COL Pierre, « Où en est internet en Afrique ? », [En ligne], URL : http://www.zdnet.fr/actualites/ou-en-est-internet-en-afrique-39752329.htm

communication, sont autant de problèmes majeurs supplémentaires dans le secteur de la communication en République centrafricaine. Il ne fait aucun doute que l'ensemble de ces facteurs entretient un rapport étroit avec « la pauvreté numérique »[19] qui vient donc s'ajouter à la pauvreté matérielle et économique.

L'internet est très peu développé en République centrafricaine. Il s'agit même du pays le plus en retard dans ce domaine. Le fossé numérique est majeur. A l'intérieur de la République centrafricaine, l'accès à l'internet est très inégal et les usagers de l'internet sont très peu nombreux. Par contre l'accès aux technologies de l'information et de la communication est relativement élevé. 77% des ménages ont accès à la radio. 40% disposent d'un téléviseur. Mais les technologies nouvelles sont moins accessibles pour la grande majorité des ménages. 4% des ménages possèdent un ordinateur et moins de 2% ont la connexion internet à domicile. Ces chiffres permettent de constater que l'objectif des nouvelles technologies de l'information et de la communication est loin d'être atteint en République centrafricaine. L'analyse de ces déterminants de la pauvreté numérique révèle que le fait de résider dans une zone rurale est une punition voire une condamnation à ne plus accéder aux nouvelles technologies de l'information et de la communication.

Le coût très important des accès à l'internet dû aux capacités très limitées des connexions à l'international constitue l'une des raisons principales de la faible connectivité de la République centrafricaine à l'internet. Ainsi, la pauvreté numérique est vue comme le manque d'accès à l'information et à la communication[20].

Alors, l'internet ne serait-il pas un luxe pour la République centrafricaine ? Comment avoir la volonté d'initier des projets et de mobiliser les ressources pour l'internet alors que se posent dans le même temps non

---

[19] - DIAGNE Abdoulaye, GUEYE Alioune, ABDOULKADER MOHAMED Omar, « La pauvreté numérique en Afrique subsaharienne : analyse à partir de données micro », [En ligne], URL : https://smartech.gatech.edu/bitstream/handle/1853/35471/diagne1.pdf
[20] - idem.

seulement la question de la reconquête de la stabilité mais aussi des problèmes sensibles de la relance jugés prioritaires comme la santé, l'électrification, l'alimentation, l'eau potable, l'éducation ou les routes ? Que peut faire l'internet pour des millions de Centrafricains extrêmement pauvres ? Quelle priorité doit-on affecter à l'internet lorsque la République centrafricaine se débat indéfiniment dans le remboursement de la dette internationale ?

En l'espèce, l'histoire politique de la République centrafricaine est marquée par un échec du développement[21]. Composée de 5.166.510 habitants répartis sur un territoire de 622.984 km², la République centrafricaine peine à organiser une politique stable fondée sur un régime démocratique susceptible de donner « la paix » et le « pain » à sa population. Tandis que les autres pays se mobilisent pour développer davantage les nouvelles technologies de l'information et de la communication, la République centrafricaine croupit sous le poids de crise militaro-politiques qui requièrent une intervention permanente de la France et de la communauté internationale[22]. La famine, les maladies, les coups d'Etat, la guerre civile sont les conséquences de l'échec depuis son indépendance proclamée officiellement le 13 août 1960 vis-à-vis de la République française[23]. Dans un tel contexte de misère permanente, il n'est pas étonnant que les planificateurs du développement et les décideurs politiques accordent peu d'importance à l'internet. L'internet est considéré comme un besoin secondaire voire superflu en dépit de l'institutionnalisation d'un ministère dédié à ce secteur censé en faire la promotion parce que supposé important.

La République centrafricaine est encore enclavée numériquement en plus de son enclavement géographique. Le développement des liens permettant

---

[21] - DOUI-WAWAYE Augustin Jérémie, *La sécurité, la fondation de l'Etat centrafricain : contribution à la recherche de l'Etat de droit*, Presses académiques francophones, 2012.
[22] - CHATELOT Christophe, « Centrafrique : pourquoi intervenir », *Le Monde*, 19 décembre 2013
[23] - M'BOKOLO Elikia, Mémoire d'un continent. 13 août 1960 : indépendance de la République centrafricaine, [En ligne], URL : http://www.rfi.fr/emission/20100403-13-aout-1960-independance-republique-centrafricaine/

d'offrir l'accès à l'internet est un enjeu clé notamment pour son développement[24]. Face à un tel défi, il apparaît presque normal de développer une vision négative de l'internet. Plutôt que de considérer l'internet comme une véritable opportunité pour rapprocher la République centrafricaine du monde[25], il sera donc considéré comme inutile et ne méritant pas qu'on y consacre des investissements conséquents et ce malgré les discours flatteurs visant à faire croire à une adhésion politique à un projet de société concernant l'internet.

Pourtant, ce n'est pas parce qu'on ignore l'utilité de quelque chose dans un projet de développement que celle-ci n'a point de valeur. Prétendre, simplement sur la base de préjugés ou à partir de l'ignorance que l'internet est secondaire dans les projets politiques, est une vision réductrice qui peut conduire à de erreurs aux conséquences graves pour un pays où la reconstruction est un défi à relever[26]. Le réel problème se pose donc au niveau de l'éclairage sur la manière dont l'internet peut contribuer de manière significative au développement de la République centrafricaine[27].

Etant donné le rôle croissant d'internet dans le monde, il est important que le Gouvernement de la République centrafricaine joue un rôle plus actif dans le processus de son développement. La gouvernance de l'internet représente un enjeu majeur aussi bien pour les acteurs privés que publics. Ces derniers ont donc la mission de favoriser leur accès pour les usagers (Partie 1) et de s'impliquer davantage à promouvoir leur utilité en République centrafricaine (Partie 2).

---

[24] - KAPLAN Daniel, « S'approprier la révolution numérique », *Alternatives Economiques*, n°137, mai 1996.
[25] - SORBIER Laurent, « Quand la révolution numérique n'est plus virtuelle », *Esprit*, mai 2006, p.121-127.
[26] - GABAS Jean-Jacques, *Société numérique et développement en Afrique - Usage et politique*, Paris, Karthala, 2005, coll. « Hommes et sociétés », p.120.
[27] - GALLEY Robert, « Au seuil de la révolution informatique », *Renouveau de l'électronique française*, [En ligne], URL : http://www.monde-diplomatique.fr/1968/12/GALLEY/28743

Partie 1 : L'accès à l'internet en République centrafricaine

La révolution numérique du XXIème siècle est soutenue et dans beaucoup de cas attribuable à l'accès à l'internet. Cet accès désigne l'ensemble des moyens mis à la disposition de l'individu pour utiliser l'internet. La connexion à internet est peu évoquée en République centrafricaine pour montrer le succès de son entrée dans la société de l'information. La connexion internet est arrivée en République centrafricaine au début de l'année 2000. A ses débuts, l'accès était restreint, réservé à une élite ou aux plus fortunés de la République centrafricaine. Aujourd'hui, il ne suffit pas d'avoir le matériel susceptible pour se connecter à l'internet mais il faut aussi savoir maîtriser l'outil nécessaire, ce qui implique qu'un système informatique a besoin de matériel et de logiciels. Le matériel est constitué par les éléments physiques de la machine : une unité centrale, un écran, un clavier et une souris constituent la configuration indispensable d'un ordinateur. En complément, l'ordinateur peut être relié à une imprimante, une enceinte acoustique ou haut-parleurs, une webcam, un disque dur externe, une manette de jeu et une connexion internet. Un ordinateur est une machine qui permet de travailler avec des informations appelées « données »[28]. Cette machine traite de grandes quantités de données, les stocke et les affiche. Lorsqu'on a acquis les bases comme le maniement de la souris, l'utilisation du clavier, l'ouverture et la fermeture des fichiers, il faut pratiquer pour avancer. Tous les ordinateurs ont le même matériel de base. Le microprocesseur est leur « cerveau » ; lequel gère les informations qui entrent et sortent de l'ordinateur. Les programmes et les données sont conservés de façon permanente sur des dispositifs de stockage. La plupart des ordinateurs sont ainsi équipés d'un disque dur qui stocke les données sur un disque métallique. Dans certains dispositifs de stockage les données sont placées sur des disques qui peuvent passer d'une

---

[28] - Le premier ordinateur fut imaginé dans les années 1830 par un inventeur britannique, Charles Babbage. En 1971 apparaît le premier micro-ordinateur.

machine à l'autre[29]. Utiliser un ordinateur, c'est utiliser un système d'exploitation. Les ordinateurs sont souvent reliés à des périphériques de communication ou de réseau qui permettent d'envoyer des données entre machines et de se connecter à l'internet. Pour y accéder, il faut cliquer sur un logiciel de navigation[30]. Ainsi, l'étude de l'accès à l'internet en République centrafricaine sera abordée par celle de son établissement sur terrain (Chapitre 1) et de son utilisation par les consommateurs (Chapitre 2).

---

[29] - CD, DVD, clé USB sont des supports qui peuvent se déplacer et faciliter le partage des données.
[30] - Internet explorer, Mozilla, Firefox, Google Chrome ou Safari.

Chapitre 1 : L'établissement de l'internet

L'internet est omniprésent dans le quotidien à l'instar de l'expression « Je vais vérifier sur internet ». Ce qui lui donne du sens, c'est son établissement et sa performance dans un pays donné à un moment donné. Ainsi, en République centrafricaine, il existe un vide juridique sur internet. Il est difficile d'identifier une Loi de l'internet à proprement parler. En cas de litige, le juge centrafricain se référera au droit français dont l'application s'affine par l'adaptation faite par le juge du droit commun avec l'évolution de la jurisprudence relative aux litiges qui impliquent l'internet. Le fait est que nombreuses sont les branches du droit qui ont vocation à être appliquées à internet[31] : on peut citer à titre d'exemple aussi bien le droit de la presse que le droit commun des contrats, sans oublier, bien sûr, le droit pénal. Néanmoins, vis-à-vis des nouvelles technologies de l'information en République centrafricaine, l'État en assume l'entière responsabilité, ce qui signifie qu'il a la capacité de prendre des décisions susceptibles d'instaurer l'internet en République centrafricaine. La première responsabilité de l'Etat est d'ordre politique dans le sens où le Gouvernement, et en premier lieu le Ministre chargé des nouvelles technologies, a le pouvoir de fixer les grandes orientations qui peuvent faciliter non seulement l'établissement de l'internet en République centrafricaine, mais aussi et surtout satisfaire aux désirs des utilisateurs qui souhaitent une bonne connexion. L'objectif à atteindre est la formation permettant à un panel représentatif de maîtriser des technologies de développement pour le web[32] ainsi que pour l'intégration d'informations multimédias. L'accent est mis sur les méthodes d'analyse et de développement des systèmes informatiques pour le web. Le projet d'établissement d'internet ne peut s'envisager que s'il est soutenu matériellement et financièrement par le

---

[31] - CASTETS-RENARD Céline, *Droit de l'Internet*, Montchrestien, 2009, p.22.
[32] - Web est l'abréviation de World Wide Web qui est un système hypertexte utilisant le protocole http (hypertext ransfer protocol) permettant de visiter des pages sur le réseau internet. – cf. Dictionnaire Larousse, voir Web.

Gouvernement car l'usage de l'internet est préconisé pour permettre aux consommateurs d'acquérir des connaissances. Concrètement, l'internet se présente comme un réseau mondial d'interconnexion des réseaux informatiques. Cette prouesse repose sur l'utilisation d'un protocole de communication dit TCP/IP commun à toutes les machines connectées au réseau Internet[33]. Ainsi, le Gouvernement centrafricain est amené à gérer l'établissement de l'internet qui se caractérise par la fourniture (Section 1) et l'offre de la connexion (section 2).

Section 1 : La fourniture d'accès à la connexion internet

L'internet est un environnement international et complexe dans le sens où selon sa définition technique, il s'agit d'un « réseau d'interconnexion mondiale des réseaux informatiques »[34]. De nombreux acteurs interagissent dans des contextes de communication variés. Le fournisseur d'accès est le premier des intermédiaires techniques qui intervient obligatoirement dans le projet d'utilisation de l'internet en République centrafricaine. Sa fonction est purement technique ; elle vise à relier le matériel informatique à la disposition des usagers. Le fournisseur d'accès, en paramétrant le matériel informatique et en le connectant à son serveur permet aux utilisateurs de communiquer potentiellement avec des millions de postes informatiques à travers le monde[35]. Il faut identifier à la fois les principaux acteurs d'internet (Paragraphe 1) et les prestataires techniques (Paragraphe 2).

---

[33] - Schématiquement, TCP signifie Transmission Control Protocol et renvoie à l'organisation des données en paquets lors de la transmission d'informations entre machines. IP signifie Internet Protocol et désigne le langage informatique permettant l'acheminement des données de machine à machine jusqu'à leur destination finale. Pour être reconnue sur le réseau, chaque machine possède ainsi un numéro IP personnel et unique qui se présente sous forme d'une combinaison de 10 chiffres. Chaque poste connecté à l'Internet peut ainsi être identifié par les autres postes, ce qui lui permet d'expédier comme de recevoir des données par paquets.

[34] - GUEDON Jean-Claude, *Internet : le monde en réseau*, Paris, Gallimard, coll. « Découvertes Gallimard – Sciences et techniques », 2000, p.13.

[35] - Sa fonction se limitant à une prestation strictement technique – connecter des machines à un serveur sous TCP/IP -, le fournisseur d'accès est juridiquement rattaché au concept d'intermédiaire technique. – cf. Cass. Civ.I, 14 janvier 2010 Tiscali

Paragraphe 1 : Les principaux acteurs d'internet

Les services de fourniture sont des prestataires techniques qui facilitent l'accès à l'internet. Leur rôle et les régimes de leurs responsabilités diffèrent [36]. De façon générale, il s'agit de la personne à l'initiative de laquelle les contenus de l'internet sont en ligne. Le statut juridique de fournisseur est difficile à déterminer. Et, c'est au Droit français qu'il faudrait se référer pour l'identifier. En cela, la Cour de cassation française a rendu un arrêt qui a pu préciser le statut de fournisseur dégageant la différence entre éditeur et hébergeur [37]. En l'espèce, le contentieux au niveau des juridictions a porté sur l'établissement de la frontière entre celui-ci, qui est un intermédiaire technique protégé, et celui-là ne bénéficiant d'aucun régime de responsabilité. Car nombre d'éditeurs se qualifient d'hébergeurs afin de voir diluer leur responsabilité sur les contenus. Finalement, la jurisprudence a tracé, au cas par cas, la ligne de démarcation. Concrètement, les décisions des juridictions ont estimé que l'hébergeur est celui qui organise ou exploite lucrativement les données diffusées et s'expose à être qualifié d'éditeur [38]. Ainsi, les fournisseurs d'internet peuvent être soit les auteurs du contenu au sens de la propriété intellectuelle (A), soit les personnes qui agrègent les différentes informations sur un site sans pour autant en être directement à la source (B).

A. Les éditeurs de contenu

L'article 6-1-2 de la loi du 21 juin 2004 relative à la confiance dans l'économie numérique pose le principe de la responsabilité limitée de l'intermédiaire technique quant aux contenus qu'il diffuse ou héberge. Selon ce texte : « Les personnes physiques ou morales qui assurent, même à titre gratuit,

---

[36] - Le tribunal a toujours estimé que les éditeurs de contenu sont responsables par principe des contenus qu'ils mettent en ligne. – cf. Tribunal de Grande instance de Paris, 12 mai 2003.
[37] - Infra - Voir l'arrêt Dailymotion du 17 février 2011, p.10.
[38] - Tribunal de Grande Instance de PARIS, 22 juin 2007, Myspace C/ Lafesse.

pour mise à disposition du public par des services de communication au public en ligne, le stockage de signaux, d'écrits, d'images, de sons ou de messages de toute nature fournis par des destinataires de ces services ne peuvent pas voir leur responsabilité civile engagée du fait des activités ou des informations stockées à la demande d'un destinataire de ces services si elles n'avaient pas effectivement connaissance de leur caractère illicite ou de faits et circonstances faisant apparaître ce caractère ou si, dès le moment où elles en ont eu cette connaissance, elles ont agi promptement pour retirer ces données ou en rendre l'accès impossible ».

Qu'est-ce qu'un éditeur de contenu ?

L'arrêt de la Cour de cassation du 17 février 2011 apporte une précision utile à ce problème[39]. En l'espèce, une société reprochait au site Dailymotion d'avoir diffusé un film sans son autorisation. La société a donc assigné Dailymotion en contrefaçon et en concurrence déloyale.

La Cour d'appel a débouté le demandeur en considérant que Dailymotion est un intermédiaire technique protégé par le régime de la responsabilité de la loi du 6 juin 2004.

A l'appui de son pourvoi, la société se fonde sur une interprétation restrictive de la notion d'intermédiaire technique. Selon cette conception, le rôle de l'intermédiaire technique se rapproche de celui d'un dépositaire à qui l'on a confié la garde d'une chose. De la même manière que le rôle du dépositaire se limite à la garde de la chose, l'intermédiaire technique doit se contenter de stocker les contenus. En d'autres termes seul l'intervenant technique qui assure le stockage de signaux, d'écrits, d'images, de sons ou de messages mis à disposition du public au moyen de services de communication au public en ligne exploités par des tiers peut bénéficier du régime protecteur de la loi. Il résulte de cette conception que l'intermédiaire technique ne doit pas proposer de services à

---

[39] - La définition de l'intermédiaire technique d'un site internet : le rappel utile de la Cour de cassation, 20 mai 2011.

ses utilisateurs, et qu'il doit demeurer passif en s'abstenant de louer des espaces publicitaires.

Or, Dailymotion propose des services à ses membres en leur permettant de contrôler l'accessibilité des contenus mis en ligne, d'utiliser un classement par rubrique ainsi qu'un moteur de recherche par mots clés, de poster des commentaires, etc.

Dailymotion se rémunère également par la location d'espaces publicitaires. Dans ces conditions, la société victime des agissements de contrefaçon estime que Dailymotion ne peut bénéficier de la qualification d'intermédiaire technique et voir sa responsabilité limitée.

Cette interprétation restrictive de la loi n'a pas été suivie par la Cour de cassation. Celle-ci considère que, seules les opérations techniques telles que le « réencodage » ou le formatage, sont des manœuvres qui participent de l'essence du prestataire d'hébergement et qui n'induisent en rien une sélection par ce dernier des contenus mis en ligne.

En revanche, la Cour de cassation considère que la recherche d'une classification ne remet pas en cause la qualification d'intermédiaire technique lorsqu'elle est justifiée par un souci de cohérence de rationalisation et que l'utilisateur reste libre du choix du contenu qu'il entend mettre en ligne. Il en va de même s'agissant de la publicité lorsqu'elle n'induit pas une capacité d'action sur les contenus mis en ligne.

L'éditeur de contenu combine de manière originale des informations composées de textes, d'images fixes ou animées ou encore des sons qu'il met à la disposition du public en utilisant les moyens techniques de différents prestataires de l'internet. Les éditeurs de contenus peuvent être des sociétés commerciales, des institutions publiques ou privées ou des individus[40]. La combinaison des informations mises à disposition du public peut être réalisée

[40] - VIDONNE Paul, « Acteurs et enjeux de l'internet » in Experts, n°45, décembre 1999.

par l'éditeur lui-même ou, le plus souvent, sous-traitée à une entreprise dont c'est le métier.

Les éditeurs peuvent aussi être des utilisateurs qui sont des personnes physiques qui ont reçu la possibilité d'accéder au réseau et d'utiliser certains de ses services. Deux types de services doivent être distingués : les services d'accès publics, ouverts à tous les utilisateurs, et les services privés, réservés à un ou plusieurs utilisateurs particuliers. L'accès aux services privés requiert le plus souvent la disposition de deux éléments composés d'un identifiant et d'un mot de passe comme par exemple l'accès à sa messagerie.

Dès qu'il est connecté au réseau, l'utilisateur peut consulter à l'écran des informations qui comprennent des textes, de images fixes ou animées, des sons ou encore des films. Dans de nombreux cas, l'utilisateur peut demander la copie ou le transfert de ces informations sur son ordinateur et les réutiliser ensuite. De même, l'utilisateur peut demander le transfert sur son ordinateur des fichiers qui lui sont proposés. Dans l'autre sens, l'utilisateur peut envoyer de l'information sous forme de textes ou de fichiers vers les destinataires qui l'auront implicitement ou explicitement autorisé. L'information expédiée peut être destinée à un utilisateur privé ou devenir immédiatement publique dès sa réception.

B. Les hébergeurs

L'article 14 de la Directive n° 2000/31 du 8 juin 2000 dite commerce électronique définit les hébergeurs comme un service dont le rôle consiste à « stocker des informations fournies par un destinataire de service ». L'hébergeur, au sens de la Loi dite LCEN (Loi pour la Confiance entre l'Economie Numérique) s'inspirant de l'article 43-8 de la Loi du 30 septembre 1986 modifiée relative à la liberté de communication, est « une personne physique ou morale qui assure même à titre gratuit, pour mise à disposition du public par des services de communication au public en ligne, le stockage des signaux, d'écrits, d'images, de sons ou de messages de toute nature fournis par des destinataires de ces services »[41].

Mais, si la définition d'un hébergeur est établie par la loi, sa mise en œuvre a donné lieu à une jurisprudence foisonnante. C'est le cas de l'arrêt de la 14ème chambre de la Cour d'Appel de Paris en date du 21 novembre 2008. Dans cette affaire Bloobox Net contre Olivier M., la Cour d'Appel de Paris a eu à statuer sur la qualification d'éditeur ou d'hébergeur de la société Bloobox Net par l'intermédiaire de son site fuzz.fr.

En effet, fuzz.fr est un service d'agrégation d'actualités choisies et mises en avant par les internautes. Il se définit comme étant « un annuaire en temps réel de liens vers les meilleurs articles de blogs », dans lequel les internautes peuvent « proposer des liens et voter pour ceux des autres afin d'augmenter leur trafic ». C'est ainsi que le site fuzz.fr a mis à disposition le 31 janvier 2008 une « brève » sur la vie amoureuse supposée d'Olivier M. Celle-ci était assortie d'un lien renvoyant vers le site où était publié cet article. Le but du site fuzz.fr est de diffuser des informations provenant d'autres sites, notamment dans une catégorie intitulée « people » publiant des « brèves » sur l'actualité et la vie privée d'artistes et de personnalités du spectacle ; tout, cela mis en ligne par les internautes.

Selon cette jurisprudence, est hébergeur « l'intermédiaire informatique qui effectue des prestations techniques en vue de faciliter l'usage du site internet par le public » [42]. Les fournisseurs d'hébergement sont donc des prestataires techniques qui proposent à leurs clients les différents services de l'Internet[43]. A cette fin, ils disposent d'ordinateurs reliés en permanence au réseau par l'intermédiaire des fournisseurs d'accès.

---

[41] - Article 6 – 1 – 2 de la loi dite LCEN (Loi pour la Confiance entre l'Economie Numérique) du 21 juin 2004.
[42] - Supra - Arrêt Dailymotion
[43] - PIERRE-LOUIS Jocelin, « Dailymotion, Fuzz, Amen : la Cour de cassation consacre le statut d'hébergeur » in Droit du MultiMedia et de l'Informatique, 20 février 2011.

En définitive, est hébergeur, l'intermédiaire technique qui met à la disposition des tiers les outils permettant de communiquer des informations en ligne[44]. L'hébergeur peut procéder à des modifications techniques du contenu et à son indexation, et peut aussi proposer des encarts publicitaires associés à la diffusion de ces contenus. Il ne peut cependant intervenir dans la création ou la sélection des contenus diffusés. A défaut, il pourra être qualifié d'éditeur de contenu.

La forme de stockage dite « caching »[45] est la conséquence pratique du mode de transmission des données sur l'Internet qui fait transiter les données envoyées sur plusieurs serveurs avant d'arriver à leurs destinations finales. Ce type de stockage sur les serveurs qui permet l'acheminement des données est automatique.

Une fois les systèmes informatiques en fonctionnement, le fournisseur d'hébergement doit ouvrir des « comptes » pour chacun de ses clients, afin que ces derniers puissent utiliser les services mis en place. Le métier d'hébergeur est bien un métier spécifique de l'Internet, même si la réalité économique montre des entreprises qui exercent ce seul métier tandis que d'autres fournissent à la fois l'hébergement et l'accès.

Les fournisseurs d'hébergement peuvent se ranger en trois grandes catégories selon qu'ils sont « professionnels », « gratuits » et « grand public ». Les fournisseurs d'hébergement professionnels concluent des contrats d'hébergement avec leurs clients auxquels ils facturent, outre des frais de mise en route, les services mis en œuvre pendant une période de temps donné. Les services ouverts sont en général de bonne qualité et disposent de toutes les fonctionnalités souhaitables. La clientèle des fournisseurs d'hébergement

---

[44] - SANA Guillaume, « Zoom sur le statut d'hébergeur sur internet et la procédure à suivre pour engager sa responsabilité », *Actualité juridique*, coll. « Droit de l'internet », 3 mars 2011.
[45] - L'article 13 de la Directive n° 2000/31 du 8 juin 2000 dite commerce électronique définit le « caching » comme «le stockage automatique, intermédiaire et temporaire de l'information fait dans le seul but de rendre plus efficace la transmission ultérieure de l'information à la demande d'autres destinataires du service».

professionnels est constituée d'entreprises et d'institutions publiques ou privées. Les opérations de création de compte, de définition des droits, de mise à disposition de logiciels sont généralement effectuées par le fournisseur d'hébergement.

Quant aux fournisseurs d'hébergement gratuits, ils ouvrent gratuitement des comptes à leurs « clients ». Le plus souvent, cette ouverture de compte est faite sans intervention humaine, par la mise à disposition des outils nécessaires sur le site World Wide Web de l'hébergeur. Le futur « client » est généralement invité à lire une notice attirant son attention sur la législation en vigueur, ses obligations et ses responsabilités.

La vérification de l'existence du « client » est faite par l'envoi d'un mail à l'adresse donnée, avec demande d'un retour qui conditionne la création effective du compte. En fait la seule vérification opérée par cette procédure est celle de la réalité d'une adresse e-mail. Dès le retour du mail, le compte est créé et le client peut alors mettre immédiatement en œuvre les services qui lui ont été alloués.

En général, ces services se composent d'un site Web et de la messagerie, ainsi qu'un moyen de mettre en place des fichiers sur son site[46]. Par rapport aux hébergements commerciaux, les services sont parfois de moindre qualité et surtout beaucoup plus frustes, les volumes sont limités, les droits réduits à minima. La « gratuité » de ces sites est très relative, puisque, le plus souvent, l'hébergeur conditionne l'ouverture d'un compte à la possibilité d'insérer un bandeau publicitaire sur une ou plusieurs pages de son client et se réserve le droit de lui envoyer de la publicité à son adresse électronique.

Ce mode d'hébergement connaît à l'heure actuelle un développement extrêmement rapide. Il faut insister sur le risque permanent que prennent ces hébergeurs de se faire prendre par des utilisateurs indélicats qui vont aller se faire créer un e-mail gratuit et anonyme sur un premier site, s'en servir pour

---

[46] - cf. - DENOUËL Julie, GRANJON Fabien (sous la direction de), *Communiquer à l'ère numérique. Regards croisés sur la sociologie des usages*, Paris, Editions Presses des Mines, coll. « Sciences sociales », 2011, p.67.

ouvrir un site Web chez un hébergeur gratuit, et mettre immédiatement à disposition du public des contenus répréhensibles : moins d'une heure suffit pour effectuer ce périple.

Enfin concernant les fournisseurs d'hébergement grand public, de nombreux combinent une offre d'accès et une offre d'hébergement pour un tarif modique à destination des ménages. L'offre comprend les accès par le réseau téléphonique commuté et par Numéris qui sont de débit limité. Elle comprend ensuite l'hébergement d'une messagerie pour quelques adresses et l'hébergement d'un site World Wide Web de taille limitée. Hormis le paiement, l'hébergement fonctionne exactement sur le modèle des hébergements gratuits. On peut même considérer que le paiement ne rémunère que l'accès et que l'hébergement est un service gratuit offert aux seuls abonnés. Toutefois, ce paiement permet l'identification du client.

Ainsi, quelques grandes administrations en République centrafricaine et institutions sont leurs propres hébergeurs, mais il s'agit plutôt d'exceptions. Les obligations qui pèsent sur les hébergeurs sont des contraintes de nature technique et contractuelle à l'égard de leurs clients.

Paragraphe 2 : Les prestataires techniques

L'infrastructure technique de l'internet rend indispensable la prestation des intermédiaires techniques qui dans certaines conditions peuvent aussi assumer une part de responsabilité lors du développement d'activités en ligne. Les prestataires techniques sont tous ceux qui concourent directement au fonctionnement d'Internet. Les prestataires techniques fournissant des services sur internet sont des organisations qui interviennent dans l'accomplissement d'une tâche effectuée entre le point d'expédition d'une transmission de document et le point de réception finale du document. Sous ce terme d'intermédiaire technique, le droit tente de classer tous les métiers liés à l'Internet qui se caractérisent par l'accomplissement d'une tâche technique entre l'envoi de données et la réception finale des informations. Le trait commun de tous ces intermédiaires est de ne pas exercer de droit de regard sur l'information qui transite grâce à eux. La quantité d'information circulant sur internet fait en sorte que beaucoup de documents ou informations peuvent avoir un caractère illicite, affecter les droits d'auteurs de tiers, être diffamatoires envers certains individus ou affecter d'autres tiers. C'est pour cette raison qu'ils sont en principe exonérés de responsabilité selon qu'il s'agisse des fournisseurs d'accès (A) ou des acteurs du web (B).

A. Les fournisseurs d'accès

La Loi dite LCEN définit le Fournisseur d'Accès à Internet en abrégé FAI comme « toute personne dont l'activité est d'offrir un accès à des services de communication au public en ligne »[47]. Les FAI sont des prestataires techniques qui offrent à leurs clients la possibilité de se connecter au réseau internet en contrepartie d'un prix déterminé. L'émission des données et leur prorogation leur sont étrangères, et ils n'entretiennent aucun rapport contractuel avec les fournisseurs d'informations.

Les FAI sont des prestataires techniques dont les ordinateurs constituent l'architecture informatique du réseau et qui disposent de plages d'adresses par lesquelles ils permettent à leurs clients de rentrer sur Internet. Il s'agit notamment des spécialistes de réseaux de télécommunications. Leurs ordinateurs sont reliés entre eux par l'intermédiaire des réseaux de télécommunications. Leurs clients peuvent être des utilisateurs ou des fournisseurs d'hébergement.

Comme son nom l'indique, internet, parfois qualifié de « réseau de réseaux », est une architecture qui permet la mise en relation de réseaux informatiques. Sa grande originalité est son caractère totalement décentralisé. Il

---

[47] - Voir article 6,I,1 de la loi dite LCEN (Loi pour la Confiance entre l'Economie Numérique) du 21 juin 2004.

n'existe pas de point central ou sommet de pyramide qui exercerait une influence hiérarchique sur l'ensemble du réseau. Tous les ordinateurs du réseau communiquent avec tous les autres et il est toujours possible d'ajouter au réseau Internet un nouvel ordinateur ou un ensemble d'ordinateurs.

Cette possibilité repose sur un système original d'identification des ordinateurs qui est l'adressage internet protocole en abrégé IP. Les fournisseurs d'accès gèrent la mise en relation de l'ensemble des machines et des réseaux connectés à l'internet. Les informations disponibles sur le web sont enregistrées dans les répertoires des ordinateurs des fournisseurs d'hébergement[48]. Ces informations sont regroupées en fichiers accessibles à partir de leur adresse. Le principe de fonctionnement repose sur le principe dit client-serveur.

On dira qu'un ordinateur est « serveur » quand sa fonction est de retourner une sélection d'informations à la requête d'un ordinateur dit « client ». L'ordinateur serveur doit être capable d'interpréter les requêtes, d'exécuter les instructions et de renvoyer un résultat à l'ordinateur client. Un ordinateur est dit « client » quand sa fonction est d'envoyer des requêtes à un serveur, d'en recevoir les résultats et de les interpréter. Naturellement, le dialogue nécessite l'usage de langages communs.

La transaction typique du web est la demande d'une page par l'envoi de son adresse sur le réseau, et la réponse du serveur qui retourne le code de cette page au client demandeur. A l'arrivée, l'ordinateur client doit généralement afficher cette page. A cette fin, le client va interpréter le code reçu, ce qui explique les différences d'affichage d'une même page web d'un client à l'autre en fonction des matériels et des logiciels utilisés. Le principe humain fonctionne dans le même sens : un utilisateur doit demander une information pour qu'elle lui soit envoyée. On n'a peut-être pas assez mesuré toutes les implications de cette nécessaire initiative de l'utilisateur.

---

[48] - Infra : voir Fournisseurs d'hébergement.

Elle porte à conséquence sur la notion de publicité. La publicité est toujours un message non sollicité qui s'insère par force dans un ensemble d'informations visuelles ou auditives recherchées par un individu subissant ainsi les initiatives d'un publicitaire. Sur Internet, l'utilisateur doit effectuer une démarche volontaire pour accéder à une information.

En cas de désagrément, les FAI sont soumis à un régime de responsabilité civile contractuelle. Cette responsabilité contractuelle est mise en jeu lorsque l'accès au service du fournisseur est impossible, mais ne pourra pas être engagée quand il s'agit du contenu des informations auxquelles il donne accès.

B. Les acteurs du web

Le réseau internet peut être représenté comme un gigantesque filet qui recouvrirait la terre entière. Cette architecture, comme celle du découpage de l'information en paquets qui lui est intimement liée, a été mise en place afin de permettre l'acheminement des messages. Les nœuds du réseau sont reliés entre eux par des circuits de communication publics ou privés loués aux opérateurs de télécommunications[49]. Les utilisateurs font appel à ces mêmes opérateurs pour se connecter sur le réseau Internet[50]. Ces circuits peuvent être partagés ou spécialisés. Les circuits partagés sont occupés pendant un temps donné pour transmettre les informations du réseau internet et peuvent par ailleurs simultanément ou successivement transmettre de la voix par les communications téléphoniques ou des images par des réseaux câblés des villes.

Les circuits spécialisés sont exclusivement dédiés au trafic Internet. Il s'agit alors des liaisons majeures entre les nœuds ou épine dorsale du réseau. Il

---

[49] - LOHIER Stéphane, QUIDELLEUR Aurélie, *Le réseau internet – Des services aux infrastructures*, Paris, Editions Dunod, coll. « Sciences Sup », 2010, p.37-40.
[50] - PILLOU Jean-François, LEMAINQUE Fabrice, *Tout sur les réseaux*, Paris, 3ème édition Dunod, coll. « CommentCamarche.net », 2012, p.12.

n'est pas impensable de voir surgir dans le futur d'autres circuits offrant le même service. Tel est le cas des réseaux d'alimentation en électricité en particulier.

Autrefois réservés aux seules entreprises, les réseaux concernent aujourd'hui tous les utilisateurs d'ordinateurs, notamment les particuliers connectés à Internet. Un changement majeur s'est produit en raison de la croissance d'internet et des problèmes de gestion consécutifs. Pour que les gens puissent utiliser le réseau plus facilement, des noms avaient été attribués aux hôtes, de sorte qu'il n'était pas nécessaire de se rappeler les adresses numériques. À l'origine, il y avait un nombre assez limité d'hôtes, il était donc possible de maintenir une seule table de tous les hôtes avec leurs noms et adresses associés. Le passage à un grand nombre de réseaux gérés de façon indépendante a entraîné l'impossibilité de maintenir ce système. L'internet n'a plus de secret pour quiconque. Il existe actuellement un matériel volumineux sur l'histoire, la technologie et l'utilisation d'Internet. Des étagères remplies de documents écrits sur l'Internet occupent pratiquement toutes les librairies.

Dans un réseau à architecture ouverte, les réseaux individuels peuvent être conçus et développés séparément, et chacun peut avoir sa propre interface qu'il peut proposer aux utilisateurs et/ou à d'autres fournisseurs, y compris des FAI[51]. Chaque réseau peut être conçu en conformité avec l'environnement spécifique et les besoins des utilisateurs de ce réseau. Il n'y a généralement pas de contrainte sur les types de réseaux pouvant être inclus ni sur leur étendue géographique, bien que certaines considérations pragmatiques amènent à dicter ce qu'il convient de proposer.

L'augmentation de la taille de l'Internet a défié également les capacités des routeurs[52]. À l'origine, il y avait un seul algorithme distribué pour le routage qui était mis en œuvre uniformément par tous les routeurs de l'internet. Au fur et

---

[51] - GALLEY Robert, « Au seuil de la révolution informatique », *Renouveau de l'électronique française*, [En ligne], URL : http://www.monde-diplomatique.fr/1968/12/GALLEY/28743
[52] - BALLE Francis, *Médias et Société : Edition-Presse-Cinéma-radio-Télévision-Internet*, Paris, 16ème édition LGDJ, coll. « Domat politique », 2013, p.52.

à mesure que le nombre de réseaux de l'Internet explosait, cette conception initiale ne pouvait pas s'étendre selon les besoins.

En République centrafricaine, le Gouvernement est le premier acteur du web. Il édicte des politiques dans le domaine des nouvelles technologies de l'information et de la communication à travers des déclarations de politique sectorielle. Ces déclarations constituent sa vision du secteur. Elles sont déclinées en stratégie et plan d'actions pour le secteur. En matière de politique générale du Gouvernement, une Agence de Régulation de Télécommunications (ART)[53] autonome et indépendante a été créée et placée sous la tutelle directe du Ministère en charge des télécommunications[54]. L'ART intervient, en particulier, sur le marché de la fourniture de la connexion internet à travers le contrôle des tarifs de gros et de détail et par l'application des textes réglementaires. Dans ce sens, l'ART doit veiller à l'interconnexion des réseaux et au partage des infrastructures qui sont des obligations légales édictées par le Gouvernement. C'est ainsi que par décision N°004/14/ART/DG/DT/DAJC du 11 Juillet 2014, la Direction Générale de l'ART a infligé une sanction d'Un milliard de francs CFA[55] à l'opérateur de téléphonie mobile Telecel Centrafrique, pour utilisation de fréquences non assignées par l'ART.

---

[53] - http://www.art-rca.org/

[54] - L'ART est chargée aux termes du Décret n096.241 du 27 Août 1996, portant approbation des statuts de l'Agence chargée de la Régulation des Télécommunications en République Centrafricain de:
- faciliter un accès universel aux services de télécommunication de base;
- créer les conditions favorables pour la concurrence entre les différents acteurs, et prévenir les pratiques abusives et anticoncurrentielles des Opérateurs dominants;
- créer un climat favorable à la promotion des investissements dans le domaine des nouvelles technologies de l'information et de la communication ;
- accroître la confiance du public dans les marchés de télécommunications, par l'application de politiques transparentes de régulation;
- protéger les droits des utilisateurs, notamment les droits à la protection des données à caractère personnel;
- accroître la connectivité des télécommunications pour tous les usagers, par la mise en œuvre de procédures efficaces d'interconnexion.

[55] - Environ 1,530 millions d'euros.

Section 2 : L'assignation de l'internet

L'assignation des fréquences d'internet, sur le territoire centrafricain, est réglementée par des dispositions de la Loi 07.020 du 27 Décembre 2007, portant Régulation des Télécommunications en République Centrafricaine et de l'Arrêté du Ministre des Postes et Télécommunications N°487/MPTNT/DIRCAB/ART du 17 novembre 2008, portant réglementation et gestion des fréquences et des bandes de fréquences radioélectriques. La commercialisation de l'internet implique non seulement le développement de services de réseaux concurrentiels et privés, mais aussi le développement de produits commerciaux mettant en œuvre la technologie Internet[56]. Alors que les usages numériques se généralisent en République centrafricaine, le mode d'utilisation d'internet est fondé sur des abonnements (Paragraphe 1) faits de différentes formes de connexion (Paragraphe 2).

Paragraphe 1 : Les abonnements à une connexion internet

Les abonnements à internet en République centrafricaine sont partagés entre plusieurs personnes. La plupart des internautes ont accès à internet à travers leur occupation professionnelle ou à l'université de Bangui, seul établissement d'enseignement supérieur en République centrafricaine. Toutefois, la première source de connexion à internet en République centrafricaine est constituée par les cybercafés (A) qui s'ajoutent aux centres multimédia créés pour pallier certains manques (B).

A. Les cybercafés

Les cybercafés restent la voie royale d'accès à internet en République centrafricaine aussi bien dans la capitale, Bangui, que dans les autres villes.

---

[56] - NOCETTI Julien, « Internet : une gouvernance inachevée », *Politique étrangère*, vol.79, n°4, 2014.

Les cybercafés sont ainsi des endroits disposant d'ordinateurs et de connexion à internet où il est possible aux usagers de naviguer sur le net moyennant un certain prix. Ce genre d'endroits, très peu implantés en République centrafricaine, est destiné à l'usage de tous les internautes qui n'ont pas la possibilité d'avoir un ordinateur ni à la connexion internet à domicile.

Réservés à leurs débuts à une élite professionnelle, les cybercafés sont devenus familiers au grand public. Les opportunistes vont largement exploiter le créneau. Ce qui était un phénomène de mode à sa création, est devenu aujourd'hui un outil qui offre plusieurs services indispensables. Les cybercafés ont ainsi véritablement révolutionné la vie des internautes en République centrafricaine.

L'ouverture et l'exploitation d'un cybercafé en République centrafricaine requièrent des formalités administratives auprès du Ministère du commerce, de l'Agence de Réglementation des Télécommunications et d'autres intermédiaires. Ces formalités sont coûteuses et l'investissement peut être évalué à plus d'un million (1.000.000) francs CFA par ordinateur pour commencer[57]. Les promoteurs se doivent d'offrir des services complémentaires pour assurer leur rentabilité.

La navigation sur internet est l'activité majeure des clients dans ces cybercafés. Les premiers besoins des clients ont été la création d'adresses électroniques et l'utilisation de la messagerie par l'envoi et la réception de messages électroniques.

L'essentiel du business de l'internet dans les cybercafés est détenu par l'Etat et ses principales institutions ; ils offrent l'accès mais n'interviennent pas dans la fixation des prix de navigation pour l'utilisateur final. Celle-ci est gérée par les corporations des cybercafés. La concurrence déloyale a conduit certains cybercafés à mettre la clé sous le paillasson, avec le personnel au chômage et leurs propriétaires étranglés par des dettes contractées à des taux usuraires. La

---

[57] - Soit environ 1500 euros.

navigation est actuellement fixée à cinq cent (500) Francs CFA l'heure[58] mais certains centres l'ont proposée à 300 FCFA l'heure[59].

Les associations de consommateurs d'internet et les syndicats des producteurs d'internet se sont mobilisés pour assurer le contrôle des prix. Selon que l'on veut naviguer une heure, une demi-heure ou un quart, le prix est le même partout. Cette harmonisation n'a duré qu'un temps car depuis la recrudescence de la crise militaro-politique et la cherté de la vie qui l'accompagne, les cybercafés sont en période de promotion. Faisant fi des exigences de l'association des cybercafés certains d'entre eux offrent à leurs clients la navigation de l'heure à trois cent (300) FCFA[60].

L'ouverture d'un cybercafé demande un lourd investissement : du local aux frais de raccordement en passant par la confection des meubles, l'achat d'une ligne spécialisée, l'acquisition des ordinateurs, les frais d'électricité, la gestion du personnel, les frais de promotion, etc. L'offre d'ordinateurs de deuxième main à bas prix étant légion en République centrafricaine, certains patrons de cybercafés s'en contentent. Pourtant, que ce soit 500 ou 300 francs CFA, le prix de la consultation est le plus bas de l'Afrique centrale.

B. Les Centres Multimédia

Les Centres Multimédia sont des structures de communication et d'information destinées à renforcer le besoin des communautés locales en matière des nouvelles technologies de l'information et de communication[61]. Initié par l'UNESCO, le projet vise à réduire le fossé numérique créé par le manque d'internet et des technologies associées. Il favorise l'accès et

---

[58] - Soit environ 0,75 centime d'euro
[59] - Soit environ 0,45 centime d'euro
[60] - « Ce n'est pas raisonnable c'est vrai mais quand vous avez la concurrence en face qui pratique de bas prix, vous perdez tous vos clients, et vous vous devez de réagir sinon c'est la faillite assurée» expliquent les responsables des cybercafés.
[61]-HUGHES Stella « Types de Centres Multimédia Communautaire », [En ligne], URL : http://portal.unesco.org/ci/fr/files/15712/11038204155chapitre_2.pdf/chapitre_2.pdf

l'appropriation des nouvelles technologies de l'information et de la communication par les communautés et favorise en même temps le renforcement des capacités de la population locale[62].

L'idée de créer des Centre Multimédia est apparue en 2003. C'est à Genève que les chefs d'Etat du Sénégal[63], du Mali du Mozambique et le Directeur Général de l'UNESCO ont décidé de lutter contre la fracture numérique grâce à la création des Centres Multimédia[64]. La Suisse a été l'un des principaux pays donateurs pour la mise en place de ces Centres. L'objectif principal des Centres Multimédia est de fournir aux communautés pauvres et marginalisées, l'accès aux immenses ressources d'information disponibles par le biais des technologies de l'information et de la communication[65].

A cet effet l'UNESCO forme des bénévoles pour qu'ils soient en mesure de créer et de diffuser des informations adaptées aux besoins de la communauté. L'UNESCO croit fermement que, en mettant les communautés au centre du processus pour à la fois créer et recevoir de l'information en créant un sentiment d'appartenance, cela permettra d'améliorer le développement de la créativité, du dialogue, du dynamisme et de la confiance. Les bénévoles sont formés en tant que journalistes et producteurs de radio et animent par la suite la radio pour leurs concitoyens.

Comme leur nom l'indique, les Centres multimédia sont la combinaison de stations de radio et de télécentres[66]. Ils représentent une passerelle directe

---

[62] - PROUXL, S., RUEFF, J. et LECOMTE N., 2007, « Note de recherche : une appropriation communautaire des technologies numériques de l'information », Montréal, Centre Interuniversitaire de Recherche sur la Science et la technologie, 36 p.

[63] - SYLLA Ibrahima, «Analyse de l'accès aux TIC dans les centres multimédias communautaires au Sénégal», *Les cahiers de NETSUDS* [En ligne], Accès aux nouvelles technologies en Afrique et en Asie, numéros en texte intégral, mis à jour le : 09/05/2011, URL : http://revues.mshparisnord.org/netsuds/index.php?id=360.

[64] - cf. UNESCO, « Opportunités numériques pour l'Afrique: les Centres Multimédia Communautaires », Symposium, Dakar, 12 juin 2003.

[65c] - UNESCO BREDA 2006, *Les CMC, une initiative majeure pour mettre les TIC au service du développement*, Dakar, Unesco BREDA.

[66] - HUGHES, S. 2004, « Les types de Centres Multimédia Communautaires », *in* S. Hughes, S. Eashwar et V. Easwaran Jennings (dir.), *Guide pratiques des Centres Multimédia Communautaires*, Unesco, p. 11-15.

entre la radio et Internet, une sorte de plate-forme qui combine une radio et un télécentre. Les Centres Multimédia font donc de l'information et de la communication des outils de base permettant aux plus pauvres d'améliorer leurs conditions de vie. Les Centres Multimédia constituent une réponse aux besoins de développement dans des domaines tels que l'éducation, la formation, la santé et la production de revenus. En réalité, c'est un centre doté des infrastructures du télécentre telles que les ordinateurs connectés à internet, des services d'e-mail, du téléphone, du fax et de photocopie[67]. La radio, dont le fonctionnement est simple et peu coûteux, est non seulement un moyen d'informer, d'éduquer et de divertir, mais permet également de renforcer la communauté, en donnant à ceux qui n'ont pas la parole la possibilité de s'exprimer, encourageant ainsi leur engagement dans les affaires publiques. Les animateurs surfent sur Internet pour répondre aux questions des auditeurs et débattent en direct du contenu des sites web présélectionnés avec des invités[68].

Les Centres Multimédia sont généralement ouverts à toutes et tous pour donner accès à l'informatique et à internet, pour que chacun puisse apprendre à s'en servir et progresser[69]. Les activités des centres multimédia se déroulent tout au long de l'année. Les salles d'accueil sont ouvertes tous les jours avec des limites horaires, et proposent des initiations à tous niveaux adaptées à chaque usager à titre individuel. Par l'entraide et des conseils autour de l'informatique, les centres multimédia, dotés d'un équipement informatique, favorisent un accès en libre service à internet haut débit avec tout le nécessaire pour les travaux courants tels que la bureautique, l'impression, la photo numérique. Généralement, l'accès pour les recherches est gratuit ou à un tarif réduit.

---

[67] - SCHIOLER P. et BUCKLEY S., « Choisir l'équipement et la technologie appropriés », *in* S. Hughes, S. Eashwar et V. Easwaran Jennings (dir.), *Guide pratiques des Centres multimédia communautaires*, Unesco, 2004, p. 29-44.
[68] - C'est ce que l'on appelle les émissions de « radio-surf »
[69] - PROUXL Serge, « Trajectoires d'usages des technologies de communication : les formes d'appropriation d'une culture numérique comme enjeu d'une société du savoir », *Annales des télécommunications*, vol. 57, n° 3-4, 2002.

Les Centres Multimédia organisent par ailleurs des ateliers thématiques portant notamment sur la création de carte de vœux, la sécurité informatique et internet, la découverte du web et de ses ressources, les outils géographiques en ligne, la photo numérique, le photomontage en ligne ou comment entretenir son ordinateur[70]. Les Centres Multimédia appartiennent et sont gérés par la Communauté de base.

Les Centres Multimédia constituent certes le plus important réseau de point d'accès communautaires aux nouvelles technologies de l'information et de communication que la République centrafricaine pourrait saisir. Pour autant, le maillage du territoire national par ces centres reste clairsemé, et la demande est loin d'être satisfaite. L'importance des Centres Multimédia est reconnue par les communautés bénéficiaires, mais ils survivent très difficilement après leur phase de financement initial. Les charges de fonctionnement sont accablantes et posent avec acuité un certain nombre de questions dont les plus difficiles semblent être la gestion du bénévolat et la rentabilité financière. En fait, le déploiement des Centres Multimédia semble souffrir de la contraignante logique de projet qui veut qu'au bout d'un certain temps, le financier se retire laissant alors les bénéficiaires, souvent non préparés à la gestion de projet et non dotés de moyens financiers nécessaires, devant des situations complexes. Au-delà de la nécessité d'impliquer les communautés dans toutes les phases d'élaboration des projets, il y a aussi celle de se baser sur les besoins exprimés par les communautés de base, marquées par leurs spécificités[71]. Cette nécessité est d'autant plus prononcée que l'accès aux technologies nouvelles de l'information et de la communication ne doit pas rester l'apanage des personnes instruites dans certaines langues comme le français ou ayant suivi une formation poussée.

---

[70] - CHENEAU- LOQUAY, Annie, « Introduction : Technologies de la communication, mondialisation, développement », in A. Chéneau-Loquay (dir.), *Mondialisation et technologies de la communication en Afrique*, Paris, Karthala/MSHA, 2004, p. 11-22.

[71] - CHENEAU-LOQUAY Annie, « Du Global au Local: quelles solutions, quels enjeux pour connecter l'Afrique? », *Cadernos de Estudos Africanos*, 11/12 | 2007, 177-198.

Paragraphe 2: Les différents types de connexion à l'internet

Pour accéder à la connexion l'utilisateur du réseau a besoin d'un support qui transporte les données qui sont numérisées et dont le débit de connexion descendant vers le consommateur est plus important que le débit montant. L'asymétrie permet de mieux répondre aux usages courants d'internet, qui consistent majoritairement dans la récupération plutôt que la publication de contenus. En République centrafricaine, comme dans d'autres pays qui se sont approprié l'internet, il y a deux types de connexion à savoir la connexion filaire (A) et la connexion sans fil (B).

A. La connexion filaire

Jusqu'en 2003, l'Afrique ne disposait d'un accès au réseau à fibre optique transatlantique qu'au Cap, à Dakar et au Cap Vert, par le câble Sat 2 installé en 1993 et qui passait très au large des côtes et par Atlantis 2 qui reliait Dakar au Brésil. Les pays africains étaient donc essentiellement desservis par satellites, quatre opérateurs principaux couvrant le continent: Inmarsat, Intelsat, New Skies et Panamsat[72]. Il a donc fallu attendre que le développement des échanges sous régionaux en matière de transfert de données y compris la téléphonie par Internet et la téléphonie mobile ait atteint un seuil permettant de rentabiliser l'interconnexion directe des réseaux par câble à fibre optique pour que soit installé un câble côtier avec des points d'atterrissement mais qui ne dessert que certains pays d'Afrique de l'Ouest.

En l'espèce, le câble est une technologie qui a été originellement conçue pour faire transiter l'information depuis un centre d'émission vers les abonnés. Au fil du temps, de multiples adaptations ont permis d'augmenter la capacité montante du réseau et donc notamment vers l'internet. Ce qui a amené au

---

[72] - BENAMRANE D., JAFFRE, B., VESRSCHAVE, F. X., *Les télécommunications, entre biens publics et marchandises*, Paris, Charles Leopold Mayer, 2005.

développement d'une réelle offre haut débit. La fibre optique utilisée est constituée d'un câble en verre ou en plastique ayant la propriété d'offrir un débit de transfert de données et qui sert à la fois pour les liaisons téléphoniques, télévisuelles et informatiques[73]. Le câble est donc utilisé pour les transmissions de données sur de longues distances, y compris pour internet.

La connexion filaire est le mode de raccordement le plus fiable et efficace. Le débit est normal. Les déconnexions sont moindres car la connexion est moins sensible aux perturbations. Les données transmises sont sécurisées ; et le raccordement ne nécessite pas de configuration. Le réseau filaire offre une connexion au réseau local de la résidence.

En République centrafricaine, la connexion filaire se fait par une concession de câble faite par un opérateur de réseau à une entreprise pour se connecter à internet. Son expansion est freinée par la faiblesse du nombre d'abonnements. L'absence d'une réglementation de sa mise en œuvre effective constitue un frein au développement de cette connexion. Les infrastructures de câble sont souvent limitées, de mauvaise qualité et mal entretenues. Ce qui freine également le développement de l'installation du haut débit.

Les raisons de cet état de fait tiennent à la médiocrité du service local mais elles sont aussi à rechercher dans la structure et l'organisation du réseau mondial qui pénalisent les pays pauvres[74]. En effet, Internet est un réseau très particulier, hiérarchisé où les règles du jeu ne sont pas les mêmes selon les niveaux et où les mécanismes de partage des coûts et des revenus sont très

---

[73] - SOUTHWOOD R., «*Satellite et fibre optique: bons amis ou pires ennemis?*», Balancing Act, 2003, http://www.balancingact-africa.com.

[74] - Les Etats-Unis restent la plaque tournante des réseaux et des flux d'information mondiaux, en particulier pour Internet. Internet est en effet avant tout un phénomène urbain qui s'est développé en plaques à partir des grandes métropoles américaines puis a englobé la triade, Amérique du Nord, Europe, Japon et essaime aujourd'hui dans les grandes métropoles du Tiers Monde, en Chine, en Inde. A leur échelle plus réduite, des villes d'Afrique du Sud et, en Afrique de l'Ouest Abidjan et Dakar sont des pôles mieux connectés aux villes des pays développés qu'à leur propre hinterland, où les déserts numériques sont légion. – cf. Dupuy, G.(2002), *Internet,Géographied'unréseau*, Paris, Ellipses, collection Carrefour.

difficiles à cerner en l'absence de toute régulation. Alors, le sans fil est-il la solution ?

B. La connexion sans fil

Dans les discussions, les colloques ou les sommets sur le développement des Nouvelles Technologies de l'Information et de la Communication en Afrique, on présente souvent les techniques sans fil comme la solution aux problèmes de connectivité de l'Afrique. Cela inclut les réseaux locaux avec la technique Wifi et ou les réseaux des liaisons avec la téléphonie. Les systèmes d'accès sans fil à Internet à haut débit sont décrits par l'Union Internationale des Télécommunications (UIT) comme étant la solution pour le futur, bien que ces services ne soient pas disponibles en Afrique. Mais curieusement l'UIT indique que « Il semblerait que l'Afrique soit prête à opter pour des services mobiles à plus haut débit. Si de nombreux experts ont raison et si la faible pénétration d'Internet en Afrique est bel et bien due à l'absence d'infrastructures, la téléphonie mobile à haut débit pourrait constituer une amélioration notable »[75].

Depuis environ un an, les marchés de téléphonie mobile et de l'Internet connaissent une révolution en République Centrafricaine, par l'introduction des technologies 3G. Cette innovation a été introduite, en République centrafricaine, par deux opérateurs : Orange et Telecel Centrafrique. Initialement ces deux opérateurs ont opté de faire de la 3,5G/3G+, avec les fréquences 2G (GSM). Ce qui ne pose aucun problème, puisque les différents accords que ces opérateurs ont signé avec l'Etat centrafricain leur permettent de monter en technologie, sans contrepartie financière directe. Dans le monde rural, il existe une forte demande de liaisons téléphoniques surtout pour communiquer avec les correspondants qui sont dans les centres urbains.

---

[75] - CRDI et UIT, *Via l'Afrique, création de points d'échange Internet locaux et régionaux en vue de réaliser des économies en termes financiers et de largeur de bande*, document de travail élaboré pour le CRDI et l'UIT à l'occasion du colloque mondial des régulateurs, 2004.

Mais il y a quelque chose d'inquiétant dans ce véritable plaidoyer par rapport aux possibilités de développement du marché en République centrafricaine, car l'essentiel des communications mobiles se fait grâce au système de cartes prépayées bien adapté à la faiblesse des revenus ; les appareils de seconde ou troisième génération risquent d'être d'un coût prohibitif pour cette clientèle peu solvable. Par ailleurs l'internet accessible aux systèmes mobiles ne l'est pas, du moins actuellement, pour la totalité du web mais seulement pour une sélection de services définie par l'opérateur. La liberté de choix inhérente au web actuel, y est limitée.

Selon Stéphane BORTZMEYER, les réseaux sans fil ne seraient qu'une solution transitoire car même en se limitant aux télécommunications, on renonce à fournir un accès de masse au téléphone[76]. Selon lui, le sans fil, avec ses infrastructures au sol limitées, convient bien aux situations d'urgence, aux événements temporaires, ou bien aux habitats très dispersés. Mais, si on veut connecter la grande majorité de la population, il revient bien plus cher puisque le coût de chaque abonné ne baisse pas avec le nombre d'abonnés et il entraîne une rude concurrence pour l'accès à la bande passante partagée entre tous. Alors, choisir systématiquement le sans fil, c'est renoncer à l'accès pour tous au profit d'un accès pour un petit nombre, entreprises, Organisation Non Gouvernementale (ONG), riches particuliers. Si on vise réellement l'accès de tous à l'internet, il n'y aurait donc pas d'alternative au développement d'une infrastructure filaire au sol. Celle-ci s'intègre naturellement dans les autres réseaux comme l'eau ou l'électricité, soit parce qu'elle utilise les mêmes tranchées, soit simplement parce qu'elle repose sur la même infrastructure humaine.

Les grands opérateurs comme Télécel Centrafrique et Orange s'intéressent désormais à ce nouveau marché du service universel et préconisent

---

[76] - BORTZMEYER Stéphane (2005), «Le sans-fil, une chance pour l'Afrique?», bortzmeyer@internatif.org.

d'utiliser des systèmes sans fil. Ils réclament la libération des fréquences hertziennes, ressource naturelle limitée détenue par l'Etat, pour pouvoir développer la connexion à haut débit. Ces grands opérateurs s'appuient soit sur un réseau filaire soit sur un réseau mobile sans fil et permettent de desservir des abonnés en haut débit. Pour desservir des zones à faible revenus, ils font appel au partenariat public privé.

En plus de la connexion 3G[77] certains établissements sont en connexion WiFi, une autre forme de connexion qui utilise des points de collecte en haut débit puis une série d'émetteurs/ récepteurs jusqu'aux équipements des usagers. Le WiFi permet de connecter son ordinateur ans fil. Il a une portée de plusieurs dizaines de mètres. La connexion sans fil est pratique puisque l'internaute n'est pas contraint de rester près de sa Livebox[78]. Cependant elle est moins performante que la connexion filaire. En termes de connexion par exemple il faudrait paramétrer l'internet sur son ordinateur. Quant au débit, l'internet obtient un débit inférieur à une connexion filaire. A la déconnexion le réseau WiFi peut être perturbé par les éléments de l'environnement de l'internet, par exemple des interférences avec les réseaux WiFi alentours. Pour se connecter en WiFi, l'ordinateur doit avoir une fonction WiFi intégrée, ce qui est le cas des ordinateurs portables. Si l'internaute a un ordinateur non équipé, il doit se procurer un adaptateur WiFi.

---

[77] - 3G désigne une génération de normes téléphonique mobile. Elle est représentée principalement par les normes *Universal Mobile Telecommunications System* (UMTS) permettant des débuts qui sont bien plus rapides qu'avec la génération précédente. – cf. Encyclopédie, voir « 3G », [En ligne], URL : http://www.commentcamarche.net/contents/1123-telephonie-mobile-3g-et-4g-expliquees

[78] - Livebox est un appareil électronique fourni par le fournisseur d'accès à internet.

Chapitre 2 : La consommation de l'internet

Toute activité sur internet engendre de la consommation selon qu'il s'agisse d'échange de courriels, de jeu en ligne, de téléchargements divers ou d'usage de consoles de jeux en réseau. La consommation est la mesure de la quantité de données ayant transité entre l'ordinateur et le réseau internet au cours d'une période définie. Ces données sont transférées dans les deux sens : du réseau internet vers l'ordinateur en aval[79], et de l'ordinateur vers le réseau internet en amont[80]. Techniquement la gestion d'un ordinateur et le maintien de son fonctionnement sur le réseau engendre une consommation de l'internet. Consommer c'est donc une manière d'utiliser le réseau internet, mais il en existe de multiples car certains des usages ne sont pas spécifiques à un réseau, mais sont disponibles sur d'autres réseaux. Chaque consommation est disponible à l'aide d'un logiciel applicatif ou d'un ensemble de logiciels. Ainsi l'usage de l'internet varie en fonction de la catégorie socioprofessionnelle de l'internaute. Avec internet, le consommateur réalise des études documentaires, les universitaires avancent dans leurs travaux de recherche et les publient. Les particuliers organisent leurs actes quotidiens tels que loisirs, achats, préparation de leurs voyages ou animation de leurs associations, etc. L'internet est aussi un réseau pour « appeler ». Cet usage permet de s'affranchir des services traditionnels de téléphonie délivrés par des opérateurs. L'internet modernise aussi les courriers. Appelé courrier électronique, le courrier par internet permet aux internautes de correspondre entre eux, et aux particuliers d'être en contact avec les administrations ou avec des entreprises. Le courriel évite ainsi le recours au courrier papier et participe au déclin de la distribution traditionnelle des lettres. Il y a aussi la rapidité de l'échange et le moindre coût. La communication institutionnelle ou commerciale via un site web est un usage

---

[79] - Un transfert « en aval » s'effectue à partir d'Internet vers votre ordinateur. On utilise aussi le terme téléchargement (download).
[80] - Un transfert en amont s'effectue à partir de votre ordinateur vers Internet. On utilise aussi le terme « téléversement » (upload).

devenu important dans la communication des organisations sociales, telles que des administrations ou des entreprises, et celle des personnes physiques, telles que les personnalités politiques ou du monde du spectacle. Il donne à son propriétaire la possibilité de délivrer de l'information à tous les internautes et donc de communiquer avec ses actionnaires, ses clients ou son public. Par exemple, grâce à des services tels que Facebook, Twitter ou Skype, internet est employé par des célébrités comme un moyen de se rapprocher de leurs fans en partageant avec eux des moments intimes de leur vie hors caméras. Ainsi, sur internet la communicabilité (Section 1) accompagne la navigation sur le web (Section 2).

Section 1 : La communicabilité par l'internet

La communication par internet prend une place de plus en plus importante dans la vie personnelle et professionnelle. La liaison communicationnelle connaît un engouement auprès d'utilisateurs très variés. Aujourd'hui, il est risqué pour une entreprise de se tenir à l'écart de cette évolution des modes de communication. Il faut savoir les utiliser et exploiter tout le potentiel de ces nouveaux outils. Les entreprises l'ont bien compris et certaines veulent tirer profit de la puissance d'une communication *via* les réseaux sociaux (Paragraphe 1) dont l'importance est accordée au contact par l'amitié (Paragraphe 2).

Paragraphe 1 : L'usage des réseaux sociaux

Un réseau social, tel qu'il est défini par Pierre MERCKLE dans *Sociologie des Réseaux sociaux*, est « un ensemble d'unités sociales et des relations que ces unités sociales entretiennent les unes avec les autres directement, ou indirectement à travers des chaînes de longueurs variables »[81].

---

[81] - MERCKLE Pierre, *Sociologie des Réseaux sociaux*, Paris, Editions La Découverte, coll. « Repères », 2011, p.23.

Un réseau social n'a pas de frontières délimitées, un réseau peut être potentiellement infini[82]. Il faut au minimum trois individus pour que l'on puisse parler de réseau social, car dans un réseau il y a des relations fortes et d'autres qui le sont moins, les relations faibles. Deux individus forment une relation personnelle, donc forcément une relation forte qui prend un caractère intime. Si l'un des deux individus vient à disparaître, il n'y a plus de relation. Lorsque l'on rassemble trois internautes, la relation devient interpersonnelle et donc plus impersonnelle. Des stratégies se développent donc selon qu'il s'agisse de la messagerie en ligne (A) ou des forums de discussion (B).

A. La messagerie en ligne

La messagerie en ligne est une forme d'usage d'internet qui permet de gérer facilement les messages. A la différence de celles qui nécessitent l'utilisation d'un logiciel spécial comme Outlook, les messageries en ligne fonctionnent sur n'importe quel navigateur Web. Raison pour laquelle on les appelle aussi «webmail»[83]. Tout le monde peut en profiter en s'inscrivant gratuitement auprès de services comme Yahoo, Hotmail ou Gmail. Le message électronique comprend deux parties distinctes. Le corps du message où l'expéditeur rédige le texte qu'il souhaite communiquer à son destinataire.

A cela s'ajoute l'en-tête qui fournit des informations utiles à la transmission du message[84].

A (to) : Ce champ précise l'adresse du destinataire. Y figure l'adresse d'un seul ou de plusieurs destinataires

De (from) : l'expéditeur indique son adresse pour que le destinataire puisse lui répondre le cas échéant.

Sujet (subjet) : L'expéditeur précise par un titre le sujet de son message.

---

[82] - FERRAND Alexis, « *La structures des systèmes de relations* » in *L'Année Sociologique*, 1997, 47 n°1, p.37-54.
[83] - D.S. « Choisir sa messagerie en ligne » in *Le Figaro*, 15 octobre 2007.
[84] - « Choisir sa messagerie en ligne », *Figaro*, 15 octobre 2007.

Cc (Copie conforme ou carbon copy) : Ce champ permet l'envoi d'une copie identique du message à une ou plusieurs personnes, autres que le destinataire principal (A/to). Sont fournies les adresses de ces destinataires secondaires qui ne sont pas visés directement par le contenu du message mais qui ont un intérêt à en être informés.

Cci (Copie conforme invisible, Blind Carbon Copy) : dénommée également copie conforme discrète, cette fonction est identique à « Cc », à la différence que le destinataire principal ne voit pas apparaître sur l'en-tête du message qui lui est transmis les noms des destinataires secondaires.

Aux informations fournies par l'en-tête du message, s'ajoutent les différentes fonctions liées à la transmission du message électronique.

Fichier joint (attachment) : Ce champ permet de joindre tous types de fichiers au message (documents textuels, visuels ou musicaux).

Répondre à un message (reply) : Cette fonction est utile pour répondre à un message préalablement reçu. Activée par le destinataire du premier message, cette fonction inscrit automatiquement l'adresse de l'expéditeur du premier message dans le champ « A/to » et recopie le titre du premier message précédé de « Re/ » pour bien indiquer qu'il s'agit d'une réponse. De plus le corps du texte du premier est intégralement recopié, permettant à la personne de répondre en complétant le premier message. Par convention le texte original est précédé des symboles « > ».

Faire suivre un message (forward) : cette commande permet au destinataire initial d'un message de le réexpédier à un ou des tiers. Ce nouveau courrier reprend l'adresse du premier expéditeur et reproduit intégralement le corps du texte du premier message, précédé des symboles « > », complété ou modifié le cas échéant par le premier destinataire du message réexpédié.

Le carnet d'adresses : Le carnet d'adresses est un fichier préalablement constitué par l'internaute grâce à son logiciel de courrier électronique. Il comprend la liste de tous les correspondants avec leurs adresses électroniques.

Activée à partir de la barre d'outils, cette fonction évite à l'expéditeur de taper l'adresse du destinataire.

L'avantage est qu'on dispose ainsi d'une adresse électronique supplémentaire[85], indépendante de celle qu'offre le fournisseur d'accès à Internet. En outre, on peut consulter son courrier sans le rapatrier, donc éliminer directement les messages indésirables et échapper aux virus. Mais on peut aussi accéder à la messagerie depuis n'importe quel ordinateur, y compris à l'étranger. Alors que la plupart des services offraient il y a peu des fonctions limitées, la tendance est à la surenchère parmi les principaux acteurs: capacités de stockage de plus en plus importantes, filtres antispam, carnets d'adresses, retransmission de courrier, mode répondeur, etc.

A l'époque de la révolution informatique, les réseaux sociaux sont au cœur du quotidien des internautes, à tel point que le mot clé le plus recherché sur Google était « Facebook ». Au-delà de l'anecdote, les réseaux sociaux représentent une des premières sources d'information, notamment grâce à l'instantanéité qu'ils offrent, en particulier Twitter. L'email fut un facteur important dans tous les domaines de l'internet, et cela est certainement vrai dans le développement des spécifications de protocoles, des normes techniques et de l'ingénierie Internet.

L'usage du courriel permet de dépasser, et de loin, les limites du système postal traditionnel. Le délai de délivrance et le coût de celle-ci sont les deux premiers éléments relégués aux oubliettes. Le mail part dans l'instant et peut être réceptionné de même si le correspondant est à l'autre bout de la communication pour relever sa boîte. Le coût unitaire d'un envoi est globalisé dans le forfait connexion. C'est l'équipement qui est coûteux. Une fois investi, chaque message est à un tarif ridiculement bas. L'intérêt se complète alors de

---

[85] - En France, *Mél.* est le symbole de « messagerie électronique » qui peut figurer devant l'adresse électronique sur un document (papier à lettres ou carte de visite, par exemple), tout comme *Tél.* devant le numéro de téléphone.

fonctionnalités comme l'envoi de pièces jointes et la multi-destination en un seul envoi.

Dès qu'il est connecté au réseau, l'utilisateur peut consulter à l'écran des informations qui comprennent des textes, des images fixes ou animées, des sons ou encore des films. Dans de nombreux cas, l'utilisateur peut demander la copie ou le transfert de ces informations sur son ordinateur et les réutiliser ensuite. De même, l'utilisateur peut demander le transfert sur son ordinateur de fichiers qui lui sont proposés. Dans l'autre sens, l'utilisateur peut envoyer de l'information sous forme de textes ou de fichiers vers des destinataires qui l'auront implicitement ou explicitement autorisé. L'information expédiée peut être destinée à un utilisateur privé ou devenir immédiatement publique dès sa réception.

Un cas un peu particulier concerne les « listes de diffusion » qui sont « un moyen commode de faire parvenir un message à quelques dizaines ou plusieurs centaines de milliers de destinataires en ne l'adressant qu'à une seule adresse, celle de la liste »[86]. Ces listes sont le plus souvent utilisées comme des moyens de communication permettant des échanges au sein de groupes particuliers « d'abonnés ». Dans ce cas, les d'échanges adhérents ont effectué une démarche volontaire d'inscription et en général tout abonné à la liste a l'autorisation de poster des messages à l'attention de tous les autres. Il en résulte un système multipolaire tout à fait intéressant dans tous les domaines. Il existe des centaines, voire des milliers de listes publiques. Là encore, le contrôle exercé sur ces listes est très variable. Elles disposent en effet d'un « propriétaire » dont le rôle est d'accepter ou de refuser l'inscription d'un nouveau membre et d'exclure les contrevenants aux règles de fonctionnement. Elles comprennent encore un « modérateur » qui peut recevoir comme charge de donner son accord avant tout envoi de message à la liste. Mais il existe des listes

---

[86] - VIDONE Paul, « Acteurs et enjeux de l'internet » *in* EXPERTS n° 45 - décembre 1999

pour lesquelles ni les inscriptions ni les messages ne sont filtrés et dont la nature privée ou publique est sujette à discussion.

B. Les forums de discussion

Certains serveurs, depuis de nombreuses années, ont bien compris que la qualité des services passe par leur diversité et par le regroupement des utilisateurs en tribus d'usages. C'est donc assez naturellement que sont nés des clubs, des groupes, des communautés. Et, le vocable change de plate-forme à plate-forme. Rassemblés autour d'un centre d'intérêt ou d'un point commun, les membres se voient offrir des services collaboratifs : discuter ensemble, avoir un agenda commun, disposer d'un accès à du stockage d'archives, de photos et de musiques[87]. L'outil est conçu de sorte à faire gagner du temps à ses utilisateurs. Qu'il s'agisse de constituer le groupe en invitant des connaissances à se fédérer, qu'il s'agisse de discuter d'un sujet ou de partager le souvenir photographique d'événements tribaux. L'énorme avantage est que plusieurs plates-formes offrent ces services en protégeant leur accès derrière un mot de passe qui garantit la confidentialité. Ces espaces d'échanges sont accessibles via le navigateur, et sont stockés sur des serveurs web.

Historiquement parlant, le forum est une des plus anciennes applications disponibles sur l'internet, et l'une des plus utilisées. Au sein des forums se sont développés des us et coutumes, des attitudes générationnelles et des légendes.

---

[87] - Il existe différentes catégories techniques de forums, celles-ci tirant avantage de différentes technologies et réseaux informatiques :
- Les forums publics : par exemple les *newsgroups* du réseau, accessibles depuis certains logiciels de messagerie et depuis des logiciels spécialisés ;
- Les forums privés, accessibles à un petit groupe de personnes, par exemple sur un site web spécifique pour créer, temporairement ou non, un lieu d'échange ;
- Les forums privés accessibles via intranet ou extranet, souvent créés (intranet) au sein d'une entreprise, d'une organisation, ou d'une équipe-projet, mais pouvant réunir (extranet) des participants appartenant à diverses organisations, entreprises et associations ;
- Les forums audio ;
- Les micro-forums, version simplifiée des forums Web traditionnels.

La grande diversité des formes techniques du forum internet témoigne de sa vivacité intrinsèque comme vecteur de communication moderne, mondialisé.

Quoi de plus enthousiasmant que de pouvoir s'entretenir entre spécialistes d'une question, dans un va-et-vient incessant entre les points de vue des uns et des autres, chacun pouvant apporter sa réaction à la prise de position de tous. Car c'est en effet la spécificité de cette technologie.

En effet, s'abonnent à un forum, ceux qui l'estiment opportun. Ceci n'est pas le gage assuré d'un haut niveau de compétence, mais à tout le moins de motivation[88]. Si les messages sont postés pour être accessibles en lecture par tous les membres, il est en plus loisible à chacun de réagir. Chaque message peut ainsi être nuancé et chaque nuance, à son tour, recevoir des commentaires. Ce n'est plus la logique du débat linéaire qui veut que la conversation évolue selon le sens dans lequel les premiers intervenants la tirent, mus qu'ils seraient par l'opportunisme que leur accorde leur place dans l'ordre des interventions. C'est littéralement chacun qui répond à chacun et oriente le débat comme il l'entend.

Suivre une conversation devient très simple, si l'on entre dans la logique de la mise en retrait des divers messages postés. La date de parution de chacun des messages y étant adjointe, c'est avec limpidité que l'on prend connaissance des différents échanges. Mais l'intérêt réside aussi dans l'identification des intervenants. Qu'ils utilisent un « pseudo » ou écrivent sous leur véritable identité, les intervenants sont décryptables par le fait que le système enregistre toutes leurs contributions en validant séparément le champ « auteur ». Pas question dès lors de s'épancher de façon trop impulsive, sans courir le risque d'être à tout jamais étiqueté de « soupe au lait », par exemple. Mieux que de révéler l'identité qui ne dit parfois pas grand-chose, c'est le véritable profil de l'intervenant qui est accessible immédiatement *via* l'ensemble de toutes ses interventions dans tous les forums.

---

[88] - DEGENNE Alain, FORSE Michel, *Les réseaux sociaux*. Paris, Armand Colin, 1994, p.56-59.

D'autres services similaires travaillent dans l'interface de forums de discussion en ligne. On parle alors de « listes de diffusion » ou « listes de discussion ». Elles sont soit de seule diffusion descendante soit bidirectionnelles[89]. La règle est alors la suivante : n'écrivent que ceux qui ont des choses pertinentes à dire, et qui seront de l'intérêt de tous. Sinon, il est toujours loisible de répondre personnellement au membre demandeur, puisque l'adresse personnelle est souvent jointe au message. De même, on n'a pas intérêt à s'abonner à trop de listes de diffusion/discussion, car cela risque de faire exploser sa boite mail, si les groupes sont prolixes.

Beaucoup de forums exigent l'acceptation d'une charte avant toute participation. Une telle charte régit l'usage qui peut être fait du forum. Le webmestre[90] a normalement une fonction d'administrateur et de modérateur, cette dernière pouvant être déléguée à une ou plusieurs personnes utilisatrices régulières du forum. Les modérateurs sont chargés de veiller au respect de la charte et de limiter d'éventuelles tensions entre participants par exemple, en éditant les messages générateurs de tensions ou en interdisant l'envoi de nouveaux messages à un des participants. Certains pays se sont dotés d'une législation précise qui impose aux gérants de forum une surveillance préventive du contenu des messages postés.

Le non respect de la charte d'utilisation d'un forum, par exemple des insultes ou des propos xénophobes, peut conduire l'équipe de modération à bannir un utilisateur ou à supprimer un compte utilisateur, voire rarement à engager une poursuite judiciaire auprès de son fournisseur d'accès à internet.

Par ailleurs, d'autres applications ont été proposées aux consommateurs de l'internet parmi lesquelles le réseautage social.

---

[89] - Top/dowm et Bottom/up
[90] - Webmestre, webmaster ou administrateur de site est une personne responsable d'un site web, de sa conception à sa maintenance.

Paragraphe 2 : Le réseautage social

Dans la théorie des réseaux sociaux, on considère généralement que les points du réseau sont des êtres humains individuels. On peut certes faire des analyses de réseaux où l'on remplace les individus par des organisations, par exemple l'analyse de réseaux de firmes. Mais la firme est, dans le meilleur des cas, considérée elle-même comme un réseau d'individus ou comme assimilable à un individu. On reste dans un univers où la force active est l'individu et où le collectif est construit ou se réduit à un ensemble de relations entre ces individus. Le réseautage social facilite le contact, la communication et les échanges entre les personnes. Le réseautage social existe depuis que les hommes sont constitués en société[91]. Des groupes sociaux, organisés autour d'un thème fédérateur tel que la religion, la classe sociale, les études, etc. forment un type de réseautage informel : recommandation à un tiers, réunions organisées, etc. Le réseautage social peut prendre une forme plus organisée et institutionnelle, professionnelle ou de loisir, payante ou gratuite. Ainsi, les agences de rencontres offrent des services de réseautage social à caractère personnel tandis que les agences de chasseurs de têtes offrent des services de réseautage à caractère professionnel. Avec l'apparition d'Internet, le réseautage social a pris une nouvelle ampleur et ses formes et possibilités s'étant multipliées. Le réseautage social est employé à des fins privées pour faire des rencontres sur des sites de rencontre (A) ou à des fins professionnelles pour trouver un emploi (B).

A. Les réseaux sociaux privés

La vie privée est une notion centrale pour comprendre les enjeux des réseaux sociaux sur Internet. La vision que les acteurs en ont détermine leur degré d'implication dans cette sphère sociale particulière et oriente leurs

---

[91] - CALLON Michel, FERRARY Michel, « Les réseaux sociaux à l'aune de la théorie de l'acteur-réseau », *Sociologies pratiques* 2/2006 (n° 13), p. 37-44

réactions face aux changements de politiques de confidentialité[92]. Il n'existe pas de définition universelle de la vie privée. En effet, cette notion, très sensible à l'environnement culturel et social dans lequel elle est pensée, est sans cesse repensée.

Selon le Droit civil français, la vie privée apparaît comme un ensemble non limitatif d'informations personnelles dont la loi garantit la protection[93]. Chacun se donne sa propre définition du privé, en accord avec sa vision des enjeux sociaux liés à l'exposition de soi au regard d'autrui[94]. C'est dans cette optique que les interactions entre vie privée et réseaux sociaux Internet sont analysées.

En l'espèce, les réseaux sociaux privés sont des modes de communication. Un certain nombre d'usages se font « en temps réel »[95]. Ce sont notamment la mise en communication des personnes engagées dans des relations point à point : chacun à son clavier, son micro ou sa caméra. Ce sont les usages synchrones[96]. Le caractère synchronisé réside donc bien dans le fait que les correspondants communiquent simultanément, « en temps réel ».

Yahoo, tchache, caramail, gmail, hotmail, facebook et twitter sont les pionniers en la matière. Même les enfants ont eu leur aire de bavardages, au creux du site « Premiers pas sur internet »[97]. Le site Educnet, dans son aire de jeu « Cliquez futé » propose, aussi une activité de découverte de cet usage du net, dans un espace sécurisé.

---

[92] - BRUDNY, M.-I. *La sphère privée selon Hannah Arendt*, Champ Psychosomatique 2002/3, n° 27, p. 9-12.
[93] - BAUDO Serge, *Dictionnaire du droit privé*, [En ligne], URL : http://www.dictionnaire-juridique.com/serge-braudo.php
[94] - COLLEE Laurent. *Sécurité et vie privée sur les réseaux sociaux*, p.12-13
[95] - SORBIER Laurent, « Quand la révolution numérique n'est plus virtuelle », *Esprit*, mai 2006, p.121-127.
[96] - BERHIN Michel et De THEUX Paul, « Avec Internet, les possibilités de communication ne cessent d'augmenter et de se diversifier. Quelques repères sont nécessaires pour s'y retrouver dans cette galaxie en constante expansion » in *MEDIA, Animation & Education* 30 avril 2007.
[97] - momes.net

Ces différents réseaux sociaux privés permettent aux internautes d'exploiter la puissance des technologies dans des environnements privés et sécurisés. Il s'agit de réseaux sociaux dont les données appartiennent aux utilisateurs, et non au fournisseur, qui s'adaptent parfaitement aux besoins et aux fonctionnalités qui répondent le mieux à l'objectif recherché.

La création de sites ou réseaux sociaux n'est pas réservée aux spécialistes de la programmation informatique. Plusieurs services en ligne « clé-en-main » permettent aujourd'hui de créer simplement des communautés en ligne, réseaux sociaux, et groupes de travail collaboratif. Ils s'inspirent des fonctionnalités offertes par Facebook ou Twitter par exemple.

Les réseaux privés s'adressent aux proches qui veulent communiquer de façon plus intime. Beaucoup d'environnements sociaux interviennent à différents niveaux : les uns pour les amis, les autres pour la famille. Mais, la plateforme s'assure que les informations publiées dans chaque réseau social privé soit diffusée d'une façon très claire pour chaque utilisateur, sachant qu'un utilisateur peut appartenir à plusieurs réseaux différents avec un même identifiant. L'hétérogénéité des vecteurs rassemblés sous le nom de « réseaux sociaux » complique la tâche, surtout en matière d'injures.

La publication d'injures sur les réseaux sociaux ne suffit pas à constituer le délit d'injure publique[98]. C'est ce qu'a jugé la Cour de cassation dans son arrêt du 10 avril 2013. En l'espèce[99], une entreprise et sa directrice reprochaient à une ancienne salariée de diffuser sur des réseaux sociaux des propos qu'elles qualifiaient d'injures publiques. La Cour a considéré que ces propos diffusés sur les comptes de l'ancienne salariée n'étaient accessibles qu'à quelques personnes (9 et 14 membres selon le réseau social) agréées par le titulaire du compte et ne constituaient donc pas des injures publiques. Le public susceptible de les lire

---

[98] - Selon son caractère public ou non, l'injure est tantôt un délit puni d'une amende de 12 000 euros, tantôt une contravention de la première classe punie d'une amende de 38 euros ou de la 4e classe en cas d'injure non publique présentant un caractère raciste ou discriminatoire.
[99] - Cour de cassation - Chambre civile - 10 avril 2013.

était trop restreint et constituait une communauté d'intérêts, c'est-à-dire « un groupe de personnes liées par une appartenance commune, des aspirations et des objectifs partagés »[100]. Toutefois, pour la Cour de cassation, le fait que les propos incriminés ne constituaient pas des injures publiques n'exclut pas qu'ils puissent être qualifiés d'injures non publiques, lesquelles ne sont évidemment pas non plus permises.

Échanger des avis et des commentaires sur la Toile est devenu un réflexe pour bien des internautes. Le succès des blogs et des forums est aujourd'hui dépassé par le triomphe de Facebook et Twitter. Bien des utilisateurs ne se contentent pas d'y révéler des pans entiers de leur vie privée, ils vont parfois jusqu'à se répandre en détails quant à leur vie professionnelle et aux activités de leur société sur les réseaux sociaux. La limite entre le « personnel » et le « professionnel » est difficile à établir quand il s'agit surtout de distinguer le travail et la maison, la vie professionnelle et personnelle ainsi que les affaires et l'amitié.

Simples et personnalisables, les réseaux sociaux privés permettent de discuter, d'échanger des fichiers ou des photos, créer des wikis[101], etc. tout en restant à l'abri des profilages publicitaires. Ce qui se passe sur les réseaux sociaux privés reste la propriété de l'utilisateur. Ce qui n'est pas forcément le cas pour les réseaux sociaux professionnels.

B. Les réseaux sociaux professionnels

Les réseaux sociaux professionnels, encore appelés « réseaux professionnels entre utilisateurs d'internet », sont généralement perçus comme des réseaux sociaux à usage exclusivement professionnel, orientés sur la mise

---

[100] - PARACCHINI Andrea, « *Réseaux sociaux d'entreprise - La frontière public-privé. Internaliser l'outil, une façon de mieux réguler l'information* » [En ligne], publié le 29/09/2011, URL : http://www.lenouveleconomiste.fr/lesdossiers/reseaux-sociaux-dentreprise-la-frontiere-public-prive-12172/

[101] - Wiki, infra p.43

en valeur et les échanges professionnels de ses membres. Ils se distinguent des autres réseaux sociaux existants par le fait qu'ils sont entièrement voués à des fonctions professionnelles. Les réseaux sociaux professionnels sont sectorisés.

Souvent utilisés pour faire des rencontres ou retrouver des connaissances perdues de vue, les réseaux sociaux connaissent un engouement auprès d'un public très hétéroclite : étudiants, jeunes, retraités, cadres, etc.[102] Moyen de communication très prisé pour se faire connaître et développer son réseau de relations, ils sont de plus en plus utilisés dans un but professionnel : contacter des recruteurs, se faire recommander, trouver un emploi. Les réseaux sociaux professionnels virtuels sont donc des sites Internet destinés à développer son réseau de relations, échanger des informations sur les entreprises, les secteurs d'activité, les métiers et éventuellement les postes vacants[103].

La présence sur les réseaux sociaux professionnels offrant une visibilité est donc l'endroit où il faut apparaître pour toute société ayant une offre de produit ou de service. Ces réseaux sont aussi utilisés professionnellement pour recruter des partenaires commerciaux. Plus un réseau est développé, plus son utilisateur aura accès à des informations spécifiques, son réseau cherchant pour lui. Un réseau bien développé autour de son activité est un outil de veille exceptionnel. L'utilisateur d'un réseau bien construit aura accès aux offres d'emploi, opportunités, informations sur les salons et séminaires qui auront été sélectionnées par son réseau. On dit souvent que le réseau cherche pour soi, permettant d'accéder à des informations qui auraient pris plusieurs heures pour être obtenues.

Pour distinguer parmi toutes les identités virtuelles professionnelles, il est parfois utile d'être présenté ou coopté. La création de la relation de confiance entre utilisateurs ne se connaissant pas dans la vraie vie s'appelle la

[102] - FECHEROLLE Olivier, « Les réseaux sociaux professionnels », Pôle Emploi, [En ligne], mise en ligne 9 mars 2015 URL : http://www.pole-emploi.fr/actualites/les-reseaux-sociaux-professionnels-@/article.jspz?id=60708
[103] - MOUSLI Marc, « Les réseaux sociaux « professionnels » sur Internet, un outil puissant de recrutement » in Alternatives économiques, janvier 2013.

recommandation, médiation faite par une relation professionnelle commune, qui est un des fondements du réseau social. La somme des recommandations, d'une personne ou d'une marque, représente le socle de la réputation.

L'analyse des réseaux sociaux est un champ de recherche important qui s'intéresse aux formes de communication dans la mesure où celles-ci interviennent dans la création ou le maintien des relations sociales[104]. L'émergence de la communication électronique suscite dans ce cadre des interrogations spécifiques concernant l'évolution de la structure des réseaux suscitée par l'accès de plus en plus répandu à ce type de moyen. L'étude des correspondants réguliers d'un échantillon de chercheurs permet de saisir certaines de ces évolutions. Comme on pouvait s'y attendre, le rôle de la proximité dans la création et le maintien des relations sociales s'affaiblit. Les réseaux sociaux fondés sur un usage important de la communication électronique présentent des spécificités structurelles intéressantes qui les différencient des réseaux ordinaires par des traits similaires à ceux qui spécifient les réseaux sociaux privés par rapport aux réseaux publics.

Apparus au début des années 2000, et initialement dotés de fonctionnalités d'interaction assez basiques, les réseaux sociaux professionnels sont destinés à des usages « pros », tels qu'effectuer du réseautage, chercher un emploi, ou chercher à recruter, rejoindre des groupes de discussion thématiques[105]. Les réseaux sociaux professionnels, s'ils sont correctement et efficacement utilisés, peuvent faciliter le recrutement de nouveaux collaborateurs et la recherche de nouveaux clients et partenaires. Le principe des réseaux sociaux professionnels est de démultiplier les contacts. On peut avoir accès à beaucoup plus de personnes qu'on ne le pense grâce à ces connexions.

---

[104] - GROSSETTI Michel, « Communication électronique et réseaux », *Flux*, Association Metropolis, 1998, p.5-13.
[105] - Il y a les réseaux sociaux exclusivement professionnels : Linked In, Viadeo, Xing, Ziki, 6énergies, Piwie et les réseaux sociaux grand public, avec possibilité d'usage professionnel : Facebook, MySpace.

Mais il ne faut pas être sur les réseaux sociaux professionnels pour y être : tout se joue dans la crédibilité et la qualité des contacts et des contributions.

Les réseaux sociaux professionnels sont réputés chronophages car il faut sans cesse enrichir son profil, créer ses contacts, entretenir son réseau. Grâce à une bonne utilisation des réseaux sociaux professionnels, la recherche de nouveaux collaborateurs, clients ou partenaires est accélérée. Cette pratique est particulièrement efficace pour les commerciaux, puisqu'elle remplace les nombreux appels nécessaires pour générer les rendez-vous.

Pour une utilisation des réseaux sociaux à titre professionnel, la plateforme « Viadeo », la principale en France, est tout à fait indiquée. Pour un usage professionnel à l'international, on utilise plutôt « Linked In ». Quant à Facebook, le géant des réseaux sociaux, il est difficile d'y faire des affaires, mais une rapide inscription est conseillée. Même si cela n'aboutit pas à la création d'un réseau professionnel utile et efficace, on peut faire partie de la grande famille Facebook. Le réseau social pourrait cependant trouver un écho chez les professionnels, avec la nouvelle plateforme « Facebook At Work ».

Le point commun des réseaux sociaux professionnels, celui qui les rend précieux pour les chasseurs de têtes, est leur principe même : nombre d'adhérents connus ou facilement identifiables sont membres d'un ou plusieurs groupes auxquels ils donnent un accès facile. Le recruteur peut ainsi entrer en contact avec des gens ayant des profils proches, dont il ignorait l'existence. Ce qui lui permet de faire son marché parmi les anciens élèves de grandes écoles plus facilement qu'avec un simple annuaire. Ainsi, l'utilisation des réseaux sociaux professionnels passe par la navigation sur le Web.

Section 2 : La navigation sur le web

Le «navigateur» est l'outil de l'internaute lui permettant de surfer entre les pages web de ses sites préférés[106]. Il s'agit d'un logiciel possédant une interface graphique composée de boutons de navigation, d'une barre d'adresse, d'une barre d'état et dont la majeure partie de la surface sert à afficher les pages web. Il y a trois façons de naviguer sur internet : soit l'internet connaît l'adresse du site sur lequel il souhaite naviguer, soit il cherche une information sans connaître a priori de site susceptible de la fournir soit enfin il souhaite naviguer sur internet sans but précis. Mais pour une lecture simple de la navigation il convient de noter qu'il y a deux catégories d'utilisateurs : ceux qui font de l'édition sur internet (Paragraphe 1) et ceux qui effectuent des recherches (Paragraphe 2).

Paragraphe 1 : L'édition par internet

Aujourd'hui et plus encore demain, l'internet se présente comme un outil pédagogique de premier ordre grâce aux facilités d'échanges et d'accès au savoir qu'il offre[107]. Du courrier électronique au site web, tous les services en ligne sont potentiellement intéressants à utiliser pour l'apprentissage des connaissances. Cette facilité de création, d'échange ou de consultation de contenus ouvre de nouvelles perspectives à la recherche et à l'information à la condition de respecter les valeurs et principes du système de l'information et de la communication. L'internet demeure donc un « terrain »[108] dans le sens où

---

[106] - « Comment améliorer la navigation de vote site internet », [En ligne], mis en ligne le 18 août 2014, URL : http://fr.jimdo.com/2014/08/18/comment-am%C3%A9liorer-la-navigation-de-votre-site-internet/
[107] - GUEDON Jean-Claude, *Internet : le monde en réseau*, Paris, Gallimard, coll. « Découvertes Gallimard – Sciences et techniques », 2000, p.97.
[108] - « Terrain » est un mot d'origine anthropologique. C'est un lieu physique dans lequel le chercheur notamment l'anthropologue mène son enquête. Désormais, il peut s'agir d'un lieu immatériel. C'est donc un lieu où on recueille de l'information. Les anthropologues ont tous un terrain de prédilection. Depuis une trentaine d'années, la notion de terrain a évolué. L'anthropologie considère que l'internet

selon sa définition strictement technique, il s'agit du «réseau d'interconnexion mondiale des réseaux informatiques »[109]. A cet effet, de nombreux acteurs interagissent dans des contextes de communication variés. Il y a deux sortes d'éditions à distinguer : les pages personnelles (A) et les blogs (B).

A. Les pages personnelles

Le service « Pages perso » permet de disposer d'un espace disque sur les serveurs dédiés exclusivement à héberger des pages web personnelles. Ces pages personnelles doivent être directement accessibles par un navigateur « http »[110]. Elles doivent comporter une page d'accueil qui doit permettre d'accéder directement ou indirectement à l'ensemble des fichiers contenus ou stockés sur l'espace disque qui est réservé. L'espace disque dont les pages personnelles disposent dans le cadre du service « Pages perso » n'est en aucun cas un espace de stockage et/ou de sauvegarde de documents personnels, dans la mesure où tous les éléments présents dans un répertoire web sont susceptibles d'être indexés par les moteurs de recherche si l'on ne prend aucune mesure de protection.

L'adresse et le contenu des pages personnelles doivent être en conformité avec les lois et réglementations en vigueur, nationales comme internationales, notamment en matière de propriété intellectuelle, littéraire et artistique, et ne contenir aucune information qui pourrait être considérée comme dénigrante, diffamatoire ou injurieuse, ou portant atteinte à la vie privée, aux bonnes mœurs ou à l'ordre public[111]. Il est rappelé que les pages Web personnelles ne peuvent comporter de données nominatives sans l'accord préalable des personnes

---

peut constituer un terrain. – cf. AUGE Marc, *Pour une anthropologie des mondes contemporains*, Paris, Editions Aubier, 1994, p.151-152.

[109] - AMBLARD Philippe, « Guide juridique de l'internet scolaire », *Educnet*, janvier 2004, p.1.

[110] - http est une abréviation de HyperText Transfer protocol qui littéralement, est un protocole de transfert hypertexte de communication entre client et serveur.

[111] - Par exemple il est écrit à l'article 6 du Code civil : « *on ne peut déroger, par des conventions particulières, aux lois qui intéressent l'ordre public et les bonnes mœurs* ».

concernées et ce dans le respect de la loi du 6 Janvier 1978 relative à l'informatique, aux fichiers et aux libertés. Le propriétaire d'une page personnelle est invité à faire preuve de discernement et de prudence s'agissant des informations qu'il transmet. En particulier, il est recommandé à l'utilisateur de limiter toute communication d'informations personnelles concernant les pages web personnelles en s'assurant de faire figurer dans chaque répertoire et sous-répertoire un fichier racine de type index, complété le cas échéant par un fichier de restriction d'accès de type htaccess[112] pour les répertoires contenant des informations sensibles.

Il est également rappelé que les informations circulant sur internet ne sont pas protégées contre des détournements éventuels, contre des virus éventuels, et que toute personne est susceptible de créer un lien donnant accès au site et/ou à des éléments de son contenu, et qu'ainsi la communication intentionnelle ou non intentionnelle de l'adresse des pages web personnelles est effectuée à ses risques et périls.

Les commerciaux qui veulent réaliser des affaires comprennent rapidement qu'il importe que les utilisateurs soient les plus nombreux possible. C'est alors que l'on voit se développer les propositions d'hébergements gratuits et l'apparition de structures de téléchargement automatique   lié au texte, à la photo et à un hyperlien ; le système fait le reste. C'est pourquoi, non seulement les infrastructures gratuites vont fleurir, mais aussi que les développeurs vont chercher à automatiser un maximum de tâches, de sorte à accueillir un plus grand nombre d'utilisateurs débutants. Et cette veine va éclater avec la mise au point des interfaces de Blog.

B. Les blogs

Un blog, anglicisme pouvant être francisé en « blogue » et parfois appelé « cybercarnet » ou « bloc-notes », est un type de site web – ou une partie d'un

---

[112] - htaccess est un fichier de configuration des serveurs.

site web – utilisé pour la publication périodique et régulière d'articles, généralement succincts, et rendant compte d'une actualité autour d'un sujet donné ou d'une profession. À la manière d'un journal_intime, ces articles ou « billets » sont typiquement datés, signés et se succèdent dans un ordre antechronologique, c'est-à-dire du plus récent au plus ancien[113].

La création de sites requiert des compétences dont le délai minimum de mise en place est d'une semaine. Au-delà des capacités à acquérir, il faut une certaine tournure de vision pour « voir dans l'espace » l'arborescence que l'on va créer. Fond et forme constituent un double souci à gérer. Les blogs, quant à eux, réduisent la difficulté, si l'on peut parler ainsi, à une seule : le message. Tout est déjà conçu en termes d'arborescence et de mise en page. En un quart d'heure, un enfant de l'enseignement primaire en a compris l'essentiel et publie. L'exercice n'est en fait pas une vraie difficulté, sauf à s'inquiéter du contenu de la communication[114]. Et c'est sans doute là que les commentaires de mise en garde trouvent à se développer. Que dire ? Que ne pas dire ? A qui s'adresser ? De qui se méfier ? Comment garder ses propos dans les limites imposées par les lois concernant spécialement le droit d'auteur, de la propriété intellectuelle, et du respect de la vie privée ?

Un nouveau concept apparaît avec ce phénomène des blogs : l'intimité. La déclinaison en ligne de la pratique des journaux intimes d'antan a su s'adapter au système. Ainsi, beaucoup de jeunes qui confient leur intimité à l'internet sont convaincus, à tort ou à raison, que seuls peuvent les lire ceux à qui ils donnent l'adresse de leur site. Par contre, leur souhait avoué est bien d'être lu voire beaucoup lu au point de développer une sphère de relations en réclamant sans cesse des commentaires : « Viens sur mon blog et lâche tes commentaires ». Une autre intimité donc, que l'on veut exposée… mais pas à

---

[113] - cf. Office québécois de la langue française, *Grand dictionnaire terminologique*, voir « Blog »
[114] - SERFATY Viviane, « Les blogs et leurs usages politiques lors de la campagne présidentielle de 2004 aux États-Unis », *Mots. Les langages du politique*, n° 80 2006/1.

n'importe qui : pas au regard des proches et pas non plus aux commentaires de ceux qui ne partageraient pas son point de vue.

Chez les adultes, le phénomène est un peu différent. Un premier groupe de plumes écrit d'abord parce qu'il aime écrire. C'est vraiment la recherche d'une nouvelle tribune, d'une nouvelle technologie aussi : l'écriture à l'ordinateur n'est pas la même que sur la page. La diffusion attend donc les retours en commentaires. Une autre chose est sûre aussi : un second groupe peut-être le plus nombreux se met à écrire quand « ça va mal ». Les blogs adultes sont pour une grande partie, des déversoirs de mal être. Les auteurs le reconnaissent fréquemment : « j'écris quand je vais mal ». Quand reviennent les beaux jours et les sentiments positifs qui les accompagnent, les blogs sont désertés. Dans ce cas, bien sûr, pas question d'être un peu trop touché par les commentaires des lecteurs. « Si tu n'es pas d'accord, je t'oblige pas à continuer à lire ». D'ailleurs, la solidarité sur ce point se remarque bien vite. Les autres renchérissent volontiers en affirmant de concert « c'est vrai, tu as le droit d'être comme ci ou comme ça. Nous, c'est comme ça qu'on t'aime. Ne te laisse pas défaire par les commentaires de ceux qui ne te comprennent pas ! ».

Le contenu de ces pages en ligne si facilement éditées est plutôt textuel chez les adultes, mais prend une tournure résolument iconique chez les adolescents qui en font le principal lieu de publication des photos de leur entourage. Avec une entorse importante au respect des lois en la matière, principalement, le droit de chacun au respect de son image.

Le blogueur est, selon la législation française, légalement responsable de ce qui est affiché sur son site et doit donc, dès qu'il a connaissance de commentaires non conformes à la législation, supprimer les commentaires en question[115]. Tout blogueur peut également choisir de censurer *a priori* les commentaires en publiant lui-même ceux qu'il juge valides, ou de censurer totalement tout commentaire sur un billet ou sur le blog entier.

---

[115] - Cass Crim 10/05/2005 n°04-84705

Paragraphe 2: La recherche par internet

Comment fait celui qui veut consulter ses sources en ligne ? On parle de téléchargement, car entre le serveur qui héberge l'information et l'écran personnel sur lequel s'affichera l'info rapatriée, il y a un trajet à parcourir que le train d'info assurera selon la loi du « au plus vite, au mieux », le chemin pris n'étant alors pas nécessairement le plus court, ni le même pour chacun des éléments rapatriés. Rédigés dans un langage commun appelé HTML[116], ces pièces à l'instar des textes, images et sons proposent une interactivité qu'il est intéressant d'exploiter. Rien d'étonnant alors que l'internet abandonne la linéarité du livre pour ouvrir à l'arborescence en réseau, chaque hyperlien proposant de rebondir ou non sur une destination nouvelle : une autre page du même auteur ou d'une autre plume. Il existe de nombreux outils pour faire des recherches sur Internet. Les plus connus sont les moteurs de recherche (A), mais il en existe d'autres (B).

A. Les sites de recherche

Les sites de recherche constituent une application web permettant de trouver des ressources à partir d'une requête sous forme de mots. Certains sites web offrent un moteur de recherche comme principale fonctionnalité ; on appelle alors « moteur de recherche » le site lui-même. Ce sont des instruments de recherche sur le web sans intervention humaine, ce qui les distingue des annuaires. Ils sont basés sur des « robots », encore appelés « bots », « spiders », « crawlers » ou agents qui parcourent les sites à intervalles réguliers et de façon automatique pour découvrir de nouvelles adresses. Ils suivent les liens hypertextes qui relient les pages les unes aux autres, les uns après les autres.

---

[116] - HTML est un langage balisage   permettant d'écrire hypertext Markup langage qui est un format de données conçu pour représenter les pages web.

Chaque page identifiée est alors indexée dans une base de données, accessible ensuite par les internautes à partir de mots-clés.

Les premiers sites internet sont donc des déclinaisons nouvelles de messages et de communications ayant existé auparavant sur d'autres supports. Qui s'exprime ? Des institutions et des associations qui étaient déjà responsables de lignes éditoriales. Mais, le système révélant sa relative simplicité, très vite les auteurs se multiplient et un phénomène éclate : les pages personnelles, mélangeant les thématiques en un lieu unique de diffusion. C'est l'apparition d'un patchwork incroyable, d'une hétérogénéité sans antécédent quant aux niveaux de langages qui se juxtaposent.

Ecrire pour la toile mondiale est une possibilité qui, au début de l'internet, demandait l'acquisition de toute une série de compétences. L'HTML est un langage de programmation ; et des éditeurs en HTML travaillent avec une interface What You see is what you get (WYSIWYG). Néanmoins, cela requiert un savoir-faire qui réclame environ une semaine de formation pour démarrer correctement. Au-delà des aspects techniques, il y a aussi lieu de décliner une nouvelle forme d'écriture, car on ne lit pas de la même façon sur le papier et à l'écran. On est invité à sortir de la linéarité. C'est un nouveau mode d'expression, plus fragmenté. Et puis, les éléments de langage ont changé : l'information texte se fait maintenant également image et son. Le tout dans des écrans fragmentés en courtes unités de perception. Et puis la mise en page devient aussi partie intégrante du message.

B. Les wikis

Wiki est un mot hawaïen qui signifie « vite »[117]. Un wiki est un site web collaboratif[118]. C'est-à-dire que tout le monde peut venir modifier, compléter et ajouter des pages au site. On trouve généralement en bas de chaque page un petit

---

[117] - Le premier wiki a été créé en 1995 par Ward Cunningham
[118] - DELACROIX Jérôme, Les Wikis : espaces de l'intelligence collective, Paris, Editions M2, 2005.

lien « *Edit this page* » qui permet à n'importe qui de modifier le contenu de la page. La modification des pages est très facile et rapide. Les wikis s'enrichissent donc petit à petit avec les connaissances et les informations de chacun.

Les wikis ne nécessitent généralement aucune connaissance en HTML. Ils permettent, grâce à des conventions simples, de mettre le texte en forme gras, italique ou listes. Cela permet aux non-initiés d'éditer facilement les pages. Il n'est pas nécessaire de disposer d'un logiciel spécial. Tout se fait dans son navigateur. Les wikis fonctionnent sur des serveurs web et sont généralement développés dans des langages comme php[119]. Il n'est pas nécessaire de connaître ces langages pour installer ou utiliser un wiki[120].

Autrement dit, un wiki est un site internet dynamique qui permet rapidement à un utilisateur lambda d'ajouter ou de modifier du contenu et de créer de nouvelles pages qui interagissent entre elles. La philosophie du wiki veut que les informations soient modifiables par tous, mais, il est possible de restreindre la visualisation ou l'édition des pages par un mot de passe. La modération se fait à posteriori grâce, notamment, à la fonction « derniers changements » qui permet à tout moment, de revenir à une version antérieure[121].

La technologie performante qui permet de publier en ligne connaît, avec l'avènement de l'informatique, un développement plus intéressant encore que les blogs. En effet, pour ces derniers, il est clair que l'on est en présence d'outils d'écriture à une seule main, car ils sont la poursuite de la pratique individuelle des carnets. Mais le développement technologique n'avait qu'un pas à franchir pour ouvrir ses capacités de gérer de façon automatique la publication en ligne et l'ouvrir à de multiples contributeurs. C'est ce que permettent les wikis, dont le plus célèbre est sans aucun doute l'encyclopédie « Wikipédia ».

---

[119] - php, plus connu sous ce sigle, est Hypertext Preprocessor qui est un langage de programmation utilisé pour produire des pages web.
[120] - DUBOST Ludovic, *Le Wiki pour les nuls*, http://www.zdnet.fr/actualites/ludovic-dubost-xwiki-un-outil-pour-gerer-la-connaissance-39813950.htm
[121] - BARTHE Emmanuel, *Un wiki, c'est quoi et ça marche comment ?*, http://www.precisement.org/blog/Un-wiki-c-est-quoi-et-ca-marche.html

Dans la logique du logiciel libre et de la mouvance qui oriente les usages vers le partage et la mise en ligne plutôt que l'hébergement en local, c'est la responsabilité éditoriale qui se trouve ici cogérée. Les outils sont plus ou moins développés dans le sens d'un contrôle préalable ou postérieur de la proposition de contenu. Ce qui est en tout cas le moteur de l'ensemble, c'est la vigilance citoyenne partagée. De même qu'un blog s'affiche avec, en bas de page, la mention « Prévenez-nous si vous trouvez ce site licencieux », de même, les articles de l'encyclopédie collaborative « Wikipédia » sont-ils soumis à la validation ou l'invalidation par le public. Le cas échéant, un débat peut s'ouvrir de sorte que, la décision de maintenir ou de retirer la page soit portée par une communauté délibérante plutôt que par l'avis monolithe d'un modérateur plus ou moins fortement censeur.

Conclusion de la Partie 1

L'internet a révolutionné le monde des ordinateurs et des communications comme rien d'autre auparavant. L'invention de l'ordinateur a ouvert la voie à cette intégration sans précédent de capacités. L'internet est à la fois une capacité de diffusion dans le monde entier, un mécanisme de distribution de l'information et un moyen de collaboration et d'interaction entre les individus et leurs ordinateurs, peu importe l'emplacement géographique. L'Internet représente l'un des exemples les plus réussis des avantages de l'investissement et de l'engagement soutenus dans la recherche et le développement de l'infrastructure informatique. L'internet est aujourd'hui une infrastructure informatique généralisée, le premier prototype de ce que l'on appelle souvent l'infrastructure mondiale, ou galactique informatique. Son histoire est complexe et implique de nombreux aspects technologiques et organisationnels. Son influence touche non seulement les domaines techniques de la communication informatique, mais toute la société au fur et à mesure que chaque société se dirige vers une utilisation croissante d'outils en ligne afin de réaliser des opérations communautaires, de commerce électronique et d'acquisition d'informations. L'internet est autant un ensemble de communautés que de technologies, et son succès est largement attribuable à la satisfaction des besoins fondamentaux de la communauté ainsi qu'à l'utilisation de la communauté d'une manière efficace afin de faire progresser l'infrastructure. Dans l'avenir, l'internet ne sera pas seulement un outil de communication, mais aussi toutes les activités humaines y seront concernées. En République centrafricaine, il existe de nombreux besoins de base qui ne sont pas encore assurés : l'alimentation, la santé, l'eau potable. Mais, personne ne méconnaît l'importance que l'ordinateur prend dans la recherche fondamentale. L'internet qui accompagne l'ordinateur est indispensable à cette population défavorisée en ce qu'il permet l'accès libre à des connaissances qui lui est difficile d'obtenir autrement. Parce que cet accès n'est pas encore généralisé en raison de la faiblesse du pouvoir d'achat ou du faible taux d'alphabétisation, une large couche de la population n'a pas accès à des savoirs qui pourraient lui permettre d'améliorer ses conditions de vie. La question la plus pressante n'est pas comment l'internet va changer la République centrafricaine, mais comment l'internet sera utile pour la République centrafricaine. L'internet devrait modifier profondément les relations entre l'administré, le particulier, l'entreprise et l'administration. Le succès d'internet va apporter une prolifération de parties prenantes, qui vont investir sur le plan économique ainsi qu'intellectuel dans le réseau.

Partie 2 : L'utilité de l'internet en République centrafricaine

L'internet se présente dans le monde contemporain comme un outil qui permet de transmettre et de recevoir des informations partout dans le monde. Grâce à lui, les utilisateurs peuvent rencontrer de nouvelles personnes, créer de nouvelles amitiés, communiquer avec des milliers de personnes. Surfer sur internet donne accès à une énorme quantité d'informations, et cette diversité fait des internautes des êtres plus instruits[122]. En termes commerciaux, l'internet facilite la communication d'une relation d'affaires ou professionnelle avec les clients et le public en général. Les sites sont ouverts 24 heures par jour, tous les jours de l'année, les gens peuvent acheter des produits qu'ils ne trouvent pas à proximité de leur lieu de résidence, ou même dans leur pays. L'internet est également très utile en médecine, et depuis qu'il a commencé à être utilisé de nombreuses vies ont été sauvées car les médecins pratiquent la « télémédecine » en envoyant des images médicales pour avis et diagnostic. Qui oserait, de nos jours, affirmer qu'il n'a jamais entendu parler d'internet ? Internet fait désormais partie de notre société et il est difficile de défendre le contraire. Il est présent à domicile, sur nos ordinateurs et même parfois sur les téléphones portables, mais il reste à vérifier l'efficacité et l'utilité réelles de cette invention. Est-il absolument nécessaire de posséder internet chez soi? Quel est son rôle dans notre vie de tous les jours? Pouvons-nous nous en passer ? Cette discussion, basée sur deux axes principaux, va nous permettre d'évaluer la véritable fonction de l'internet. L'un des axes affirme qu'internet n'a aucune utilité et l'autre soutient le contraire. En l'espèce, internet offre un immense champ d'informations qui, souvent, se révèlent incorrectes. Comme ce réseau est accessible à tous, ses normes de sécurité et de contrôle ne sont pas toujours respectées. Il se trouve que certains sites fournissent des informations erronées

---

[122] - BENGHOZI Jean-Pierre, BUREAU Sylvain, *Importance et enjeux de l'internet des objets*, Editions de la Maison des Sciences de l'Homme, 2009, p.26-34.

venant d'utilisateurs qui ne sont pas des professionnels mais des amateurs. Surfer sur internet pour recueillir des informations devient un travail difficile car il faut être vigilant par rapport aux renseignements trouvés. L'internet en République Centrafricaine reste, dans une large mesure, un chantier en cours. Le potentiel de l'Internet y est encore inexploité. Si l'on s'accorde à reconnaître le potentiel de l'internet pour transformer les vies, réduire la pauvreté et consolider la liberté d'expression (Chapitre 1), la quantité d'informations détaillant la manière dont les décideurs et les investisseurs devraient capitaliser ce potentiel reste très limitée (Chapitre 2).

Chapitre 1 : L'internet au service de la liberté d'expression

La liberté d'expression est l'une des premières conquêtes obtenues à l'issue des luttes entreprises contre l'oppression du pouvoir. Aujourd'hui, elle est une des premières libertés politiques et plus généralement des libertés fondamentales[123]. Dans la Déclaration des droits de l'homme et du citoyen de 1789 la liberté est le premier des quatre droits de l'homme. Après la définition de la liberté et le rappel de la primauté de la loi[124], le refus de la détention arbitraire[125], la présomption d'innocence[126], l'affirmation du respect des opinions notamment « religieuses »[127], la « libre communication des pensées et des opinions » apparaît comme la première des libertés[128], dont les bornes sont définies par la loi. La « libre communication des pensées et des opinions » est définie aujourd'hui par la Déclaration universelle des droits de l'homme et ses diverses adaptations dans les lois des pays. La liberté d'expression est donc un droit fondamental garanti par l'Article 9 de la Charte africaine des droits de l'homme et des peuples qui dispose que toute personne a droit à l'information et a le droit d'exprimer et de diffuser ses opinions dans le cadre des lois et règlements. Elle est aussi l'objet de réflexions sociologiques sur la meilleure façon de la pratiquer[129]. Il est arrivé trop souvent, en République centrafricaine que les pouvoirs publics réagissent à des articles défavorables en bannissant leur auteur, en l'emprisonnant ou en l'exilant. Les problèmes de la liberté d'expression subsistent en République centrafricaine parce que journalistes, enseignants et leaders politiques d'opposition accomplissent leur tâche indispensable. Toutefois, la situation de la presse s'est améliorée du moins en ce

---

[123] - PARISOLI Luca, « Liberté d'expression, égalité et protection juridique », *Cités* 3/2003 (n° 15), p. 111-125.
[124] - Voir article 4 de la Déclaration des droits de l'homme et du citoyen
[125] - Voir article 7 de la Déclaration des droits de l'homme et du citoyen
[126] - Voir article 9 de la Déclaration des droits de l'homme et du citoyen
[127] - Voir article 10 de la Déclaration des droits de l'homme et de citoyen
[128] - Voir article 11 de la Déclaration des droits de l'homme et du citoyen
[129] - JOUTARD Philippe, « Les combattants des Lumières », *L'Histoire*, avril 2015.

qui concerne les agressions et détentions arbitraires de journalistes et les censures. Alors, quelle est la place de l'internet dans le respect de la liberté de la presse ? En effet, de par ses caractéristiques extraordinaires, internet s'impose comme l'outil ultime pour la liberté d'expression. Le réseau permet donc un échange sans précédent entre les utilisateurs dans une liberté absolue. Absolue ? Pas vraiment, puisque la liberté d'expression est toujours limitée par les libertés publiques considérées comme plus importantes, qu'elle peut bafouer à travers le respect de la vie privée. Dans la liberté d'expression, il est important de dégager la liberté de s'informer (Section 1) et la liberté de s'exprimer (Section 2).

Section 1 : La liberté de s'informer

L'information est une matière première susceptible d'intéresser une audience mondiale pour qui l'internet, aujourd'hui, est un outil nécessaire. Il est largement reconnu que l'accès à l'information est l'une des pierres angulaires de la bonne gouvernance ainsi qu'un important outil de lutte contre la corruption. Près d'une centaine de pays ont adopté des lois ou des décrets nationaux qui reconnaissent le droit du public à l'accès à l'information ou aux dossiers du gouvernement[130]. Alors, dans quelle mesure l'internet permet-il aux utilisateurs centrafricains de jouir de leur droit à l'information ? En l'espèce, la République centrafricaine accuse du retard au regard de toute une série d'indicateurs associés à l'accès à l'information. Mais, la bonne nouvelle est que l'arrivée de l'internet a provoqué une mutation, voire un engouement de tous à surfer quotidiennement. L'internet offre donc la possibilité d'accès à l'information dans les secteurs d'énergies et de ressources naturelles de grande valeur telles que le pétrole et les minéraux. Bref, l'internet produit un flux d'informations (Paragraphe 1) dont l'internaute a la liberté de se servir (Paragraphe 2).

---

[130] - En France, par exemple, voir la loi du 30 septembre 1986 sur la liberté de communication modifiant profondément la loi de 1982 précise les limites de la liberté d'expression dans le cadre des nouvelles technologies.

Paragraphe 1 : Le flux des informations

La diversité et la qualité de l'information sur internet dépendent de ses conditions de production et de diffusion. L'internaute a donc droit d'accès à l'information[131]. Ce droit est lié aux concepts de participation et de transparence dans la mesure où il vise à favoriser la participation du public aux décisions politiques, et donc au concept de démocratie participative. En matière d'accès aux archives, il vise à faciliter le travail des chercheurs comme les historiens, les sociologues, les journalistes, etc., dans une optique de transparence démocratique. Le droit d'informer, comme le droit d'être informé, n'est pas ou ne devrait pas être un privilège et *a fortiori* le monopole des journalistes et encore moins des entreprises qui les emploient, surtout quand celles-ci ont pour principal objectif de réaliser des profits. C'est un droit des citoyens qui, quand on se tient à hauteur des grands principes, ne saurait diviser les bénéficiaires de ce droit entre des « citoyens passifs », à qui l'information est destinée, et des « citoyens actifs », qui la produisent. Le droit d'informer (A) et le droit d'être informé (B) étant indissociables, ce sont ces deux droits qui fondent ensemble la liberté de s'informer.

A. Le droit d'informer

Le droit d'informer est, comme la liberté d'expression et d'opinion, un droit social qui devrait être universellement partagé. Le droit d'informer ne saurait être réservé à des groupements publics et privés qui prétendent s'en réserver l'usage parce qu'ils en monopolisent les moyens. Plus précisément, le droit d'informer appartient à tous et n'est pas le monopole des médias établis et des journalistes professionnels, quel que soit le rôle irremplaçable que ceux-ci peuvent jouer. Le droit d'informer n'est vraiment garanti que dans la mesure où

---

[131] - Maler Henri, « Le droit à l'information, ses conditions et ses conséquences », Acrimed, le 27 octobre 2014, [En ligne], URL : http://www.acrimed.org/article4484.html

les citoyens disposent des moyens adéquats à la production de leur propre information.

L'expression « droit d'informer » dit aussi « droit de l'information », est apparue au début des années 1980[132]. Il s'agit majoritairement du droit du contenu diffusé, celui qui a directement pour objet l'information, qu'il s'agisse de la protéger ou de la sanctionner en cas de trouble à l'ordre public ou de préjudice pour autrui. Cela englobe donc le droit privé qu'il soit pénal ou civil. Le terme même de « droit de l'information » n'est plus guère employé de nos jours et correspond à ce qui est aujourd'hui appelé « droit de la communication »[133]. Il convient pourtant de prendre en compte ici une partie du droit concernant le diffuseur ; en effet, en tant que personne qui diffuse le message, celui-ci peut avoir une certaine responsabilité, notamment pénale, du fait du contenu. C'est par exemple le cas d'un message qui porterait atteinte au droit d'auteur.

La liberté de l'information suppose non seulement que les organismes publics fassent droit aux demandes d'information, mais aussi qu'ils publient et diffusent largement les documents présentant un intérêt majeur pour le public, sous la seule réserve de rester dans les limites du raisonnable eu égard aux ressources et aux capacités. Le type d'information à publier est fonction de l'organisme public concerné.

Les organismes publics devraient être tenus, au minimum, de publier certaines catégories d'information. D'abord, ils doivent publier des informations concrètes sur le fonctionnement de l'organisme public, notamment ses coûts, objectifs, états de comptes vérifiés, normes, réalisations, en particulier s'il est prestataire direct de services au public. Ensuite, l'administration publique est tenue de fournir des informations sur toutes demandes, plaintes ou autres recours directs que le public est susceptible de formuler en rapport avec

---

[132] - MUCCHIELLI Alex, *Sciences de l'information et de la communication*, Paris, 4ème édition Hachette, 2006, p.54.
[133] - RAVAZ Bruno, RETTERER Stéphane, *Droit de l'information et de la communication*, Paris, Editions Ellipses Marketing, coll. « Infocom », 2006, p.34.

l'organisme public. Puis, le service public a l'obligation de prodiguer des conseils sur les moyens qui s'offrent au public de contribuer aux principales propositions décisionnelles ou législatives et les types d'information dont dispose l'organisme et la forme sous laquelle l'information est détenue. Enfin, les organismes publics devraient mettre à disposition la teneur de toute décision ou politique ayant des incidences sur le public, ainsi que les raisons pour lesquelles une décision a été adoptée et la documentation clef ayant servi de support à la prise de cette décision.

Le principe de la divulgation maximale repose sur la présomption selon laquelle toutes les informations détenues par des organismes publics sont réputées divulgables[134]. Au cœur même du concept de liberté de l'information, ce principe devrait en bonne logique être consacré dans la Constitution pour poser clairement que l'accès à l'information officielle constitue un droit fondamental. La législation devrait avoir pour objectif primordial d'assurer la mise en œuvre effective du principe de divulgation maximale.

La diffusion de l'information constitue pour les organismes publics une obligation qui a pour pendant le droit du public de recevoir de l'information. Quiconque résidant sur le territoire national devrait jouir de ce droit, dont l'exercice ne devrait pas présupposer d'un individu l'expression d'un intérêt particulier pour l'information en cause. Lorsqu'une administration publique entend refuser l'accès à l'information, la charge de justifier ce refus devrait lui incomber à chaque stade de la procédure. En d'autres termes, l'administration publique est tenue de démontrer que l'information qu'elle souhaite soumettre à rétention dans le champ du régime limitatif d'exceptions est exposée en détail plus loin.

C'est ainsi que la Cour de Strasbourg, connue sous le nom de Cour Européenne des Droits de l'Homme (CEDH), à l'occasion de l'arrêt RTBF

---

[134] - MUCCHIELLI Alex, *Théorie systémiques des communications : Principes et applications*, Paris, Editions Armand Colin, 1999, coll. « U Communication », p.12.

(Radio-Télévision Belge Francophone), a pris une décision importante en matière de liberté d'information. Elle souligne, dans sa décision, que « l'information est un bien périssable et que en retarder la publication, même pour une brève période, risque fort de la priver de toute valeur et de tout intérêt. Ce risque existe également s'agissant de publications autres que les périodiques, qui portent sur un sujet d'actualité »[135]. Cette décision pose donc l'obligation aux Etats d'avoir une législation « précise, claire et prévisible », c'est-à-dire capable d'assurer la sécurité juridique et prévenir toute incertitude ou risque d'arbitraire qui s'insinue dans l'apparence du droit[136].

Le droit d'informer impose donc que toute personne sache si des données la concernant font l'objet d'un traitement et qu'il puisse obtenir du responsable du traitement des informations sur celui-ci[137]. Toute personne a ainsi droit de regard sur ses propres données. Par conséquent, quiconque met en œuvre un fichier ou un traitement de données personnelles est obligé d'informer les personnes fichées de son identité, de l'objectif de la collecte d'informations et de son caractère obligatoire ou facultatif, des destinataires des informations, des droits reconnus à la personne. Ce droit de regard sur ses propres données personnelles vise aussi bien les informations que leur utilisation. Ce droit informer est essentiel car il conditionne l'exercice des autres droits tels que le droit d'être informé.

B. Le droit d'être informé

L'information est l'oxygène de la démocratie[138]. Si les gens ne savent pas ce qui se passe au sein de leur société, si leurs dirigeants agissent sous le voile du secret, ils ne sont pas en mesure de participer d'une manière positive à la vie

---

[135] - Voir §105 – Affaire RTBF contre Belgique du 29 mars 2012, Requête n°50084/06
[136] - Voir § 116 – Affaire RTBF contre Belgique du 29 mars 2012, Requête n°50084/06
[137] - cf. Article de la Loi Informatique et libertés
[138] - REPORTERS SANS FRONTIERES, « Etre informé pour mieux bloguer », [En ligne], URL : http://fr.rsf.org/IMG/pdf/blogueur_ok-4-2.pdf

de leur société. Mais l'information n'est pas seulement nécessaire au public, elle est un élément constitutif majeur de tout bon gouvernement. Un mauvais gouvernement ne peut survivre que s'il pratique la culture du secret. Dans de telles conditions, l'incompétence, le gaspillage et la corruption ne peuvent que s'épanouir. L'économiste, Amartya Sen, Prix Nobel de la Paix, faisait remarquer qu'on ne connaît aucun cas sérieux de famine dans les pays dotés d'un régime démocratique et d'une presse relativement libre[139]. La divulgation de l'information permet aux citoyens d'examiner minutieusement les activités de leur gouvernement, et constitue le point de départ d'un débat sérieux et bien informé sur l'action gouvernementale.

Ces Principes établissent des normes applicables aux institutions nationales et internationales concernées par le droit à la liberté de l'information. Ils serviront principalement aux législations nationales sur la liberté de l'information et le libre accès à l'information officielle, mais ils pourront également être appliqués à l'information détenue par les institutions intergouvernementales, telles que les Nations Unies et l'Union Européenne.

Bien que de plus en plus d'images ou d'informations provenant d'amateurs, dont des blogueurs, contribuent à l'information du public[140], les internautes ne sont pas considérés comme des journalistes. Ils ne disposent donc pas des protections propres à la profession comme le secret des sources ou les privilèges associés à la carte de presse. S'il n'est pas journaliste, le blogueur est cependant soumis à des obligations juridiques comparables du fait de la publication et de la diffusion d'informations sur Internet. Contrairement au journaliste, le blogueur n'est pas une notion juridique dans le domaine de la liberté d'expression et de communication au public, mais sa responsabilité peut

---

[139] - Amartya Sen: *Poverty and Famines : An Essay on Entitlements and Deprivation*, Oxford, Clarendon Press, 1982.
[140] - Voir par exemple, http://television.telerama.fr/television/videos-sous-surveillance-les-images-amateurs-a-la-tele,52793.php, http://www.ire-port.com/, http://news.bbc.co.uk/2/hi/talking_point/default.stm, http://temoins.bfmtv.com/, http://observers.france24.com/fr

être engagée soit comme éditeur directeur de publication[141], soit comme hébergeur[142] lorsqu'un internaute poste un message sur le blog.

De nombreux comportements sont susceptibles d'engager la responsabilité d'un blogueur. Sont évoqués ici, sans exhaustivité, les principaux risques rencontrés[143] : des infractions de presse prévues par la loi du 29 juillet 1881, dont la diffamation et l'injure sont les éléments les plus courants, l'atteinte à la vie privée, dont le droit à l'image est un des éléments devenu progressivement autonome.

L'article 29 de la loi du 29 juillet 1881 donne la définition de la diffamation : « Toute allégation ou imputation d'un fait qui porte atteinte à l'honneur ou à la considération de la personne ou du corps auquel le fait est imputé est une diffamation. La publication directe ou par voie de reproduction de cette allégation ou de cette imputation est punissable, même si elle est faite sous forme dubitative ou si elle vise une personne ou un corps non expressément nommés, mais dont l'identification est rendue possible par les termes des discours, cris, menaces, écrits ou imprimés, placards ou affiches incriminés ». La personne qui se dit victime doit agir dans les trois mois suivant la publication de l'article litigieux. Le changement d'URL n'est pas une nouvelle publication.

La diffamation est constituée lorsque trois éléments sont réunis. D'une part, il faut une allégation ou une imputation d'un fait précis susceptible d'un débat probatoire ; sont exclues toutes les expressions subjectives, les manifestations d'opinion et les jugements de valeur. D'autre part, le fait allégué porte atteinte à l'honneur ou à la réputation appréciée de manière objective, par exemple des infractions pénales, des faits non permis par la loi, les actes

---

[141] - FERAL-SCHUHL Christiane, *Cyberdroit, le droit à l'épreuve de l'Internet*, Paris, 4ème édition Praxis Dalloz : «Toute personne physique ou morale qui, à titre professionnel ou non, édite et met en ligne de l'information, au sens le plus large du terme, à destination des internautes, en publiant sur son site Internet ».

[142] - Selon l'article 6-1-2 de la LCEN, « Les personnes physiques ou morales qui assurent, même à titre gratuit, pour la mise à disposition du public par des services de communication au public en ligne, le stockage de signaux, d'écrits, d'images, de sons, de messages de toute nature fournis par des destinataires de ce service ».

[143] - CA Paris, 6 juin 2007, Mairie de Puteaux c. C. Grébert

contraires à la morale. Enfin, le fait est imputé à une personne identifiable telle qu'une personne nommée ou pouvant être identifiée, même dans un milieu restreint.

Par ailleurs, la définition de l'injure est donnée par l'article 29 alinéa 2 de la loi du 29 juillet 1881 : « Toute expression outrageante, terme de mépris ou invective qui ne renferme l'imputation d'aucun fait est une injure ». Il s'agit d'une insulte, d'une agression verbale délibérée d'un blogueur envers une personne identifiable. Dans ce domaine, il n'est pas possible d'évoquer la bonne foi[144], mais il existe l'excuse de provocation, en cas de réponse à une insulte précédemment émise à l'encontre du blogueur.

A défaut d'autorisation ou d'exploitation libre, il est préférable de ne pas publier au risque de s'exposer à de condamnations à verser des dommages et intérêts ou à payer une amende dont le montant dépendra du contexte de la publication et de la fréquentation du site.

Paragraphe 2 : La liberté de se documenter

C'est devenu un réflexe. La plupart des internautes consultent désormais l'internet pour faire des recherches avant de faire un achat. Mieux encore que d'information, il serait préférable de parler de documentation et d'outil de recherche. Face à l'océan de marques, de modèles, d'options, de séries, des ouvrages, des articles et à la panoplie des écrits, on peut être rebuté. Les newsletters permettent aussi de se tenir au courant des dernières publications ou des derniers modèles ou des séries limitées en temps réel. Les chercheurs ont également bien compris l'intérêt d'avoir les moyens techniques pour mener à bien leurs recherches. Les meilleurs procédés sont les outils de recherche (A) et les bases documentaires (B).

---

[144] - L'injure est punie d'une amende pouvant aller jusqu'à 12 000 euros (lorsqu'il s'agit d'une injure raciale, le montant de l'amende peut s'élever à 22 500 euros et le tribunal peut prononcer une peine de 6 mois d'emprisonnement maximum).

A. La liberté d'utiliser les outils de recherche

Les moteurs de recherche sont des outils à utiliser quand l'internaute recherche une information précise[145]. Leur couverture est beaucoup plus importante que celle des annuaires, mais elle reste très parcellaire. Il est donc indispensable de bien connaître la façon de les utiliser, leurs avantages et leurs limites. Les moteurs de recherche indexent régulièrement des millions de pages web dans une base de données. Pour cela, la plupart des moteurs de recherche utilisent des « robots » qui inventorient les pages web et ajoutent les nouvelles adresses à la base de données. Ces informations sont complétées par les auteurs des pages web qui informent, de leur propre initiative, les moteurs de recherche de l'existence de leurs pages[146].

Il existe de nombreux outils pour faire des recherches sur Internet. Les plus connus sont les moteurs de recherche, mais il en existe d'autres : annuaires thématiques, métamoteurs, outils de veille, portails et sites de référence, signets, etc. Beaucoup d'internautes ont tendance à utiliser de la même manière les annuaires et les moteurs de recherche alors que ces deux types d'outils sont de nature différente. La connexion à Internet est permanente. Les métamoteurs en ligne permettent d'interroger directement sur Internet plusieurs moteurs de recherche simultanément et offrent, selon les moteurs, des paramétrages concernant l'affichage et le tri des résultats. En fonction des ressources recensées, on distingue des outils généralistes, qui renvoient à l'ensemble d'internet, et des outils spécialisés, qui renvoient à un sous-ensemble d'internet. Il faut alors construire une stratégie de recherche selon le type d'informations recherchées, connaître les principaux outils de recherche sur le Web, savoir quelles informations chercher et savoir utiliser les différents outils qui permettront de les trouver.

---

[145] - ELIE Jean-Philippe, *Tout sur les outils Google*, Paris, Editions Dunod, coll. « Comment ça marche », 2008, p.22.
[146] - GRIVEL Luc, *La recherche d'information en contexte – outils et usages applicatifs*, Paris, Lavoisier, coll. « Hermes », 2011, p.47.

Pour faire des recherches, l'internaute dispose d'un vaste espace d'informations sur le Web et d'outils de recherche d'information[147]. Ces outils sont nombreux et variés : moteurs de recherche généralistes ou spécialisés, métamoteurs, portails ou encore répertoires. Lors d'une recherche, il faut choisir les outils dont on a besoin en fonction du type de recherche ponctuelle, précise ou générale, et de l'objet de la recherche : une personne, un événement, un lieu, l'orthographe d'un mot, etc.

Une démarche de recherche sur le web est itérative et cumulative. Elle est itérative car il faut souvent répéter différentes étapes de la recherche. Elle est aussi cumulative parce qu'il est efficace de garder les traces du travail déjà accompli, notamment les différentes informations et mots-clés récoltés au fur et à mesure. Il est également conseillé de bien choisir son ou ses mots-clés et de bien les combiner en utilisant les opérateurs booléens « ET », « OU », « SAUF », les guillemets ou encore la troncature. En cas de difficultés à trouver des informations, on peut également utiliser la recherche avancée proposée par des moteurs de recherche : elle permet de formuler correctement les équations de recherche ou requêtes et de limiter la recherche à une langue, un format de fichier, etc.

Face à un sujet méconnu, la première étape de la recherche est de réussir à mieux cerner la thématique en lançant des requêtes dans différents moteurs. Cela permet de trouver de nouveaux mots-clés, des définitions, des articles d'encyclopédie, des répertoires, des sitographies c'est-à-dire des listes de sites ou de blogs. Le but d'une telle méthode est d'atteindre des sites de référence spécialistes du sujet, des portails, des bases de données offrant des informations pertinentes et fiables. Après avoir sélectionné quelques ressources de référence, on peut naviguer sur le web en suivant les liens hypertextes de ces sites.

---

[147] - FOENIX Béatrice, *Recherche Éveillée Sur Internet : Mode D'emploi - Outils Et Méthodes Pour Explorer Le Web*, Paris, Editions Lavoisier, 2011, p.34.

En plus des moteurs généralistes, il existe maintenant de nombreux moteurs de recherche spécialisés dans une discipline donnée ou pour un type de document particulier. Chaque « robot » fonctionne à sa manière. C'est pourquoi les résultats peuvent être différents pour une même requête selon que l'on utilise tel ou tel moteur. Les « robots » utilisent souvent trois principaux systèmes d'indexation[148]. D'abord par mots clés, l'internaute peut indiquer une liste de mots lors de la conception d'une page. Ensuite par titre, le « robot » indique au moteur de recherche le titre du document. Enfin dans le texte, le « robot » indexe tous les mots ou les mots des premières lignes des pages web.

Le web étant un espace d'autopublication, chaque internaute peut publier sur le Web ; et il est plus prudent de choisir des sites officiels, plutôt que personnels, pour collecter des informations. Cependant, si un site personnel apparaît pertinent, il faudra penser à caractériser l'information en examinant le site, son ou ses auteurs, leurs objectifs, les dates de mise en ligne, etc. et à comparer les informations trouvées sur ce site aux informations trouvées ailleurs.

Enfin, l'internaute n'est pas sans savoir que le web est un excellent outil pour chercher de l'information ailleurs que sur le web, et en particulier dans les bibliothèques. La consultation de catalogues, la recherche de bibliographies par les moteurs, l'interrogation de services d'information ouvrent les portes des médiathèques.

B. La liberté d'interroger les bases documentaires

De nombreuses bases de données documentaires spécialisées sont accessibles en ligne *via* Internet. On y trouve des contenus à valeur ajoutée utiles à la recherche d'information et à la veille, que ce soit dans le monde académique ou le monde de l'entreprise. Les accès peuvent être gratuits ou payants ; les

---

[148] - LARDY Jean-Pierre, *Recherche d'information sur internet, outils et méthodes*, Paris, Editions ADBS, 2001, p.66.

contenus de ces bases de données sont souvent mal référencés *via* les moteurs web et de ce fait méconnus des internautes. Les bases de données documentaires offrent pourtant un grand intérêt pour la veille stratégique : d'abord, par la qualité et la valeur ajoutée de leurs contenus ; ensuite, par la finesse et la complexité du mode d'interrogation.

Selon la Commission de terminologie, publiée au Journal officiel du 17 janvier 1982, une base de données est « un ensemble de données relatif à un domaine défini de connaissance et organisé pour être offert aux utilisateurs »[149]. Les contenus d'une base de données sont structurés selon une organisation définie à la fois en fonction de la nature des contenus et les possibilités de recherche proposées aux utilisateurs. La syntaxe de recherche peut être fine et complexe, et offrir de nombreuses options de requêtes et de tris. La mise à jour de la base de données est effectuée par le producteur ; le stockage et la gestion de l'accès peuvent être assurés par le producteur lui-même, ou bien par un diffuseur ou agrégateur de contenus. Les producteurs peuvent être des sociétés savantes ou des centres de recherche, des fournisseurs d'information économique et financière, des diffuseurs d'articles de presse, des offices de brevets, etc. Les contenus sont principalement textuels, mais peuvent intégrer également des données multimédias. Ces bases donnent accès à des données bibliographiques, c'est-à-dire à la description d'articles de revues, d'études, de brevets de thèses, etc. Le résumé et l'indexation des articles sont assurés par des documentalistes ou experts...

Pour rechercher une information technique, scientifique et/ou bibliographique dans les domaines de recherches et repérer des documents pertinents, il faudrait mettre en œuvre des méthodes et des compétences dans

---

[149] - cf. MARTRE Henri, « Management stratégique de l'information », *Weka, Informer conseiller former,*2014, URL : www.weka.fr/...territoriales/base-documentaire/...documentaires.../bases-

l'interrogation des sources d'information dont dispose l'internet[150]. Ces sources d'informations sont multiples et ne semblent pas toujours facile d'accès au premier abord. Utiliser et exploiter avec succès les catalogues, les bases de données et les ressources en ligne demande d'abord un temps d'apprentissage puis des tactiques efficaces pour lancer des requêtes, sélectionner des documents et progresser dans la démarche.

La fonction des bases de données bibliographiques est de signaler les références bibliographiques des documents publiés. Parfois, elles permettent d'y accéder directement, mais le plus souvent il faudrait décider de limiter les recherches aux documents pertinents disponibles sur place en bibliothèque, en ayant par exemple connaissance des revues en abonnement sur place, et/ou provenant d'autres fonds documentaires. Certains documents sont directement disponibles en ligne. L'accès à la ressource est alors indiqué dans l'affichage de la notice complète du document.

En l'espèce, il est nécessaire de faire la distinction entre la donnée, l'information et le document. La donnée est un élément dénué de sens. Si elle est confrontée à d'autres données, associée, organisée avec elles, ensemble elles prennent sens et deviennent informations. Ces informations peuvent alors être rassemblées dans un document. Une base de données est donc un ensemble structuré de données organisées selon différents critères. Ces critères, appelés « champs », décrivent les données et permettent aux utilisateurs de rechercher, relier et exploiter ces dernières[151]. Les bases de données accessibles sur internet proposent des données brutes ou des collections de documents. Ces bases se différencient les unes des autres par le type de ressources proposées ou/et le domaine et la thématique suivie.

---

[150] - CHAULEUR, Andrée, « Bibliothèques et archives : comment se documenter ? », *Bulletin des bibliothèques de France* [en ligne], n° 2, 1981 [consulté le 14 juillet 2015]. Disponible sur le Web : <http://bbf.enssib.fr/consulter/bbf-1981-02-0118-011>. ISSN 1292-8399.

[151] - SAHUT Gilles, « *« Citez vos sources » : archéologie d'une règle au cœur du savoir wikipédien (2002-2008)* », *Études de communication*, n° 42, 2014

Ainsi, les bases de données brutes donnent accès à des données encore peu transformées après leur collecte. Elles sont principalement à vocation scientifique ou font état des données publiques et ne sont pas toujours exploitables en dehors d'un contexte de travail précis. Il s'agit par exemple des bases de données des éditeurs de presse principalement composées d'articles issus de leurs publications. Il peut s'agir aussi d'archives ouvertes composées de revues scientifiques ou d'archives « anciennes » de l'édition scientifique, de thèses, de mémoires ou d'articles. En définitive, les catalogues des bibliothèques et des centres de documentation permettent obtenir une connaissance précise des ressources disponibles sur place. Et les bibliothèques numériques offrent des ressources gratuites ou peu onéreuses pour les textes libres de droit.

Section 2 : La liberté de s'exprimer

La liberté d'expression est un principe constitutionnel fondamental, issu de la Déclaration des droits de l'homme et du citoyen de 1789, qui permet à chacun d'exprimer librement ses idées et ses opinions[152]. Cette liberté peut s'exercer sur tout support de communication et notamment sur le réseau Internet : la loi pour la confiance dans l'économie numérique réaffirme clairement ce principe en précisant que « la communication au public par voie électronique est libre ». Les nombreux outils de communication et de publication numériques offerts à tous actuellement, tels que messageries, messageries instantanées, forums, réseaux sociaux, blogs, permettent de communiquer rapidement avec des personnes éloignées et de publier ses idées ou ses œuvres à destination d'un public pouvant se situer aux quatre coins de la planète. Cette liberté de communication ne doit pas faire oublier aux internautes les règles basiques de respect des personnes, de leur vie privée, de leur dignité ainsi que de leur

---

[152] - cf. Article 11 de la Déclaration des droits de l'homme et du citoyen : « la libre communication des pensées et des opinions est un des droits les plus précieux de l'homme ».

intégrité physique comme morale. Internet permet à chaque utilisateur d'être auteur et éditeur de multiples contenus rapidement et avec une grande facilité (Paragraphe 1). La publication de ces contenus peut donc être l'occasion d'exposer la vie des autres *via* des blogs, des réseaux sociaux, des forums, etc. Il est indispensable de respecter l'image et la vie privée de toute personne qu'on la connaisse bien, un peu, ou pas du tout (Paragraphe 2).

Paragraphe 1 : Faire usage de sa liberté d'expression sur internet

Les origines de la liberté d'expression sont à trouver dans le monde occidental. Il s'agit d'une tradition laïque, républicaine et démocratique apparue vers la fin du 18ème siècle. Auparavant, une telle liberté était réservée aux autorités royales, seigneuriales ou religieuses. Avec internet, chaque personne dispose d'un formidable outil de diffusion, permettant de toucher rapidement un large public. Les réseaux sociaux, en particulier, permettent des échanges à grande échelle et répondent, entre autres, à d'importants besoins d'expression de soi et de reconnaissance. Ces échanges participent de la construction de l'individu (A) et lui permettent de prendre place dans la société de l'information (B).

A. Formuler son opinion sur internet

Quel rôle l'internet peut-il jouer dans la liberté d'expression ? Qu'apporte-il de nouveau, et comment peut-il servir la cause de la liberté d'expression? Après le monopole de la parole, l'avènement de l'écriture suivie de l'imprimerie ont constitué des révolutions pour le transfert d'idées et d'informations[153]. Au XXème siècle, on a vu apparaître les techniques audiovisuelles puis le numérique et l'informatique et l'internet constitue la

---

[153] - KAUFFMANN Sylvie, JACOT Martine, PEDROLETTI Brice, « La censure sur internet : Etats contre cyberdissidents », *Le Monde,* 29/08/2007.

dernière véritable révolution quant aux techniques de transmission d'informations et d'idées.

Internet peut être considéré comme une possibilité inédite quant à la liberté d'expression car cela permet de communiquer librement et instantanément dans le monde entier. Les sites publiés sur le réseau ne sont pas destinés à quelqu'un en particulier et l'accès est en principe ouvert à tout le monde, sans considération de proximité, de nationalité ou de lieu de résidence. Dans des groupes de discussion, on peut exprimer sa pensée sans censure préalable.

Cela fait-il de l'internet un moyen favorable pour les Centrafricains d'exercer un droit d'expression et de défier les autorités centrafricaines qui essaient de réguler les flux d'information et de communication ?

En l'espèce, dans une société comme celle de la République Centrafricaine l'internet peut effectivement donner accès à des informations « interdites » et donner la possibilité d'exprimer ses soucis au monde extérieur, même si cette possibilité peut être circonscrite. C'est par la voie du réseau que certains usagers diffusent les informations concernant des violations des droits de l'homme, et ces informations seront accessibles à tous. Aussi, le réseau est-il utilisé pour lancer des campagnes contre des régimes responsables de telles violations.

Mais Caroline REYNAUD a remarqué avec justesse que l'internet rend « méchant »[154]. L'aptitude de l'être humain à critiquer et ironiser, et ses penchants à la délation ont trouvé leur place sur les réseaux sociaux[155]. Slate.fr, un site d'information, a abordé la question plus récemment en se focalisant sur

---

[154] - REYNAUD Caroline, « Internet, miroir ou déversoir de nos opinions ? », *Stratégies Magazine* n°1719, 11/04/2013.
[155] - Dans le procès qui opposait l'ancienne candidate FN Anne-Sophie Leclère au parti politique guyanais Wawaquiri, le tribunal de grande instance de Cayenne a statué ce mardi 15 juillet 2014. Lors des élections municipales en octobre dernier à Rethel (Ardennes) où elle était tête de liste, Anne-Sophie Leclère avait partagé sur facebook un photomontage comparant la Ministre de la Justice à un singe de bonne famille : URL : http://creoleways.com/2014/07/15/anne-sophie-lecle...-racistes-a-christiane-taubira.

les effets toxiques de Facebook, renforçant l'idée que derrière l'écran de son ordinateur, la nature fondamentalement mauvaise de l'homme resurgirait dans toute sa bassesse et qu'elle devenait une source de danger pour les individus, les marques et les entreprises.

Il est anormal de constater sur les réseaux sociaux que la plupart des internautes centrafricains ne s'expriment sur Internet que pour émettre des avis négatifs, pour se plaindre. Le web est donc le déversoir des frustrations ou des expériences négatives. Les débordements injurieux pullulent sur internet souvent au mépris de la loi qui est censée s'appliquer partout, y compris sur les réseaux sociaux. La plupart des internautes les utilisent « en direct », comme ils le disent, ignorant les obligations auxquelles ils sont soumis du fait de la publication et de la diffusion de leurs propos sur le web. Ils encourent cependant des risques liés aux articles, photos, vidéos qu'ils y publient et qui, contrairement aux paroles, demeurent accessibles au public, c'est-à-dire que n'importe quel internaute peut les consulter contrairement aux échanges par e-mails ou sur des réseaux sociaux. Il n'existe pas de loi commune à l'usage de l'internet[156] bien qu'il y ait eu des tentatives d'établir des chartes, comme la plus ancienne désignée sous le terme de Netiquette. Les plates-formes de blogs ont mis en place des conditions générales d'utilisation[157].

Bien qu'il ne soit pas journaliste, le blogueur est soumis à des obligations juridiques comparables du fait de la publication et de la diffusion d'informations sur internet. C'est pourquoi, il doit être identifiable en cas de litige[158]. De nombreux comportements sont susceptibles d'engager la

---

[156] - En France, en plus des questions de propriété intellectuelle à respecter, plusieurs lois s'appliquent aux blogs, dont essentiellement la loi du 21 juin 2004 pour la confiance dans l'économie numérique (LCEN), qui précise quelques règles de responsabilités particulières et les obligations des internautes et qui renvoie de manière générale à la loi du 29 juillet 1881 sur la liberté de la presse, dont l'application, autrefois réservée aux professionnels, s'est étendue, avec le développement de l'Internet, à tous les acteurs du réseau.

[157] - Créée au milieu des années 90, cette charte fixe des règles de comportement ou d'éthique que les utilisateurs d'Internet se fixent à eux-mêmes URL : http://tools.ietf.org/html/rfc1855.

[158] - Pour s'inscrire sur les réseaux sociaux, il est Il est impératif de communiquer certaines mentions liées à son nom, sa dénomination ou sa raison sociale et ses coordonnées.

responsabilité d'un blogueur, comme par exemple des infractions de presse prévues par la loi du 29 juillet 1881, dont la diffamation et l'injure sont les éléments les plus courants, l'atteinte à la vie privée, dont le droit à l'image est un des éléments devenu progressivement autonome.

B. Construire son identité numérique

Le développement et l'évolution des moyens de communication, au travers notamment de la multiplication des blogs et des réseaux ont changé le rapport de l'individu à autrui. Ainsi, l'identité numérique, Internet Identity en anglais (IID), permet l'identification de l'individu en ligne et la mise en relation de celui-ci avec cet ensemble de communautés virtuelles qu'est l'internet[159].

En fait, chaque internaute est concerné sur internet car, en naviguant, il laisse des traces sur internet qui constituent son identité numérique. Avec le développement des réseaux sociaux, chaque internaute est producteur de contenus, ce qui conduit régulièrement à laisser des traces de son activité numérique, au hasard de recherches sur des moteurs, de profils créées dans des applications web, de signatures inscrites au bas des pétitions numériques, de commentaires laissés suite à la lecture d'articles, de renseignements et authentifications complétés lors d'achats sur internet. Pour éviter certaines contrariétés liées à la publication de données personnelles confidentielles. Chacun doit être averti des risques encourus par la fluidité de la communication sur les réseaux.

L'identité numérique se traduit aussi par la mise en ligne de son curriculum vitae. C'est dire qu'il n'existe pas une identité en tant que telle car, à la lecture d'une information concernant un individu, on perçoit de façon globale son identité. L'identité n'est donc pas un produit figé ou fini, mais un processus en perpétuelle évolution.

---

[159] - FANNY Georges, « L'identité numérique dans le web 2.0 », *Le mensuel de l'université* n° 27, juin 2008.

Paragraphe 2 : Respecter l'expression des autres

La liberté d'expression n'est pas un absolu et elle se trouve affectée de nombreuses limites que les internautes ne doivent pas ignorer. La Déclaration des droits de l'homme et du citoyen de 1789 énonce que « La libre communication des pensées et des opinions est un des droits les plus précieux de l'homme, tout citoyen peut donc parler, écrire, imprimer librement, sauf à répondre de l'abus de cette liberté dans les cas déterminés par la loi »[160]. Le principe ainsi posé, il faut cependant en connaître les limites qui sont relativement nombreuses du fait des exceptions spécifiques touchant au statut particulier des personnes (A) ou à la nature des informations concernées (B).

A. Le respect de la vie privée

La loi du 17 juillet 1990 a introduit dans le Code civil un article 9 qui précise que « Chacun a droit au respect de sa vie privée. Les juges peuvent sans préjudice de la réparation du dommage subi prescrire toutes mesures telles que séquestres, saisies et autres, propres à empêcher ou à faire cesser une atteinte à la vie privée ; ces mesures peuvent, s'il y a urgence, être ordonnées en référé »[161]. Cette disposition s'accompagne de clauses répressives en vertu desquelles le Code pénal sanctionne sévèrement les écoutes ainsi que l'enregistrement des paroles et des images. L'article 9 du Code civil dispose que « chacun a droit au respect de sa vie privée », sans pour autant définir ce droit. La jurisprudence n'en donne pas non plus de définition précise mais elle s'est attachée à en cerner les contours. De ses appréciations successives, on peut conclure que le droit au respect de la vie privée est « le droit pour une personne

---

[160] - cf. Article 11 de la Déclaration des droits de l'homme et du citoyen.

[161] - La constitution ne comporte aucune mention directe relative au droit au respect de la vie privée, mais le principe énoncé à l'article 4 de la Déclaration des droits de l'homme et du citoyen selon lequel « *La liberté consiste à pouvoir faire tout ce qui ne nuit pas à autrui* (...) fait partie du bloc de constitutionnalité. Par ailleurs, la France a ratifié la convention européenne des droits de l'homme et des libertés fondamentales, qui affirme à l'article 8 « *Toute personne a droit au respect de sa vie privée et familiale, de son domicile, de sa correspondance (...)* ».

d'être libre de mener sa propre existence avec le minimum d'ingérences extérieures », ce droit comportant « la protection contre toute atteinte portée au droit au nom, à l'image, à la voix, à l'intimité, à l'honneur et à la réputation, à l'oubli, à sa propre biographie»[162].

Les termes très généraux de l'article 9 du Code civil, notamment l'expression «chacun a droit au respect de sa vie privée », ont permis aux tribunaux de développer une jurisprudence *a priori* très favorable à la protection de la vie privée, puisque toute personne peut en principe s'en prévaloir, même celle dont les activités politiques, économiques ou professionnelles lui ménagent une attention particulière auprès du public. Peu importe également la tolérance dont la personne concernée a pu faire preuve par le passé à l'égard de la presse, chacun étant libre de fixer les limites de ce qui peut être publié sur sa vie intime et de déterminer les conditions dans lesquelles ces publications peuvent intervenir.

Mais *quid* alors du droit à l'information sur internet ? En effet, la notion de vie privée comprend des éléments se rapportant à l'identité d'une personne, tels que son nom, sa photo, son intégrité physique et morale[163]. La garantie offerte par l'article 8 est principalement destinée à assurer le développement, sans ingérences extérieures, de la personnalité de chaque individu dans les relations avec ses semblables. Il existe donc une zone d'interaction entre l'individu et des tiers qui, même dans un contexte public, peut relever de la vie privée.

L'internet joue le même rôle essentiel que la presse dans une société démocratique. S'il existe certaines limites, concernant notamment la protection de la réputation et des droits d'autrui, il lui incombe néanmoins de

---

[162] - Une personne, même connue du public, peut se prévaloir d'une espérance légitime de protection et de respect de sa vie privée. – cf. *CEDH, Leempoel, n°*64772/01 ; *CEDH, Hachette Filipacchi, Pari, n°*12268/03.

[163] - La publication d'une photo interfère dès lors avec la vie privée d'une personne, même si cette personne est une personne publique. – cf. CEDH, *Schüssel,* n° 42409/98 ; CEDH, *Von Hannover, n°* 59320/00; *CEDH, Petrina, n°* 78060/01.

communiquer, dans le respect de ses devoirs et de ses responsabilités, des informations et des idées sur toutes les questions d'intérêt général. A sa fonction qui consiste à diffuser des informations et des idées sur de telles questions s'ajoute le droit, pour le public, d'en recevoir. S'il en allait autrement, la presse ne serait pas en mesure de jouer son rôle indispensable de « chien de garde »[164]. La liberté d'expression comprend la publication de photos[165]. Il s'agit là néanmoins d'un domaine où la protection de la réputation et des droits d'autrui revêt une importance particulière, les photos pouvant contenir des informations très personnelles, voire intimes, sur un individu ou sa famille[166].

Ainsi, la liberté d'expression constitue l'un des fondements d'une société démocratique, l'une des conditions primordiales de son progrès et de l'épanouissement de chacun de ses membres. Elle vaut non seulement pour les « informations » ou « idées » accueillies avec faveur ou considérées comme inoffensives ou indifférentes, mais aussi pour celles qui heurtent, choquent ou inquiètent : ainsi le veulent le pluralisme, la tolérance et l'esprit d'ouverture sans lesquels il n'est pas de « société démocratique »[167]. Telle que la consacre l'article 10 de la Convention européenne des droits de l'homme, la liberté d'expression est assortie d'exceptions qui appellent toutefois une interprétation étroite, et le besoin de la restreindre doit se trouver établi de manière convaincante.

---

[164] - cf. CEDH, *Bladet*, n°21980/93 ; CEDH, *Pedersen*, n° 49017/99.

[165] - cf. CEDH, *Österreichischer Rundfunk*, n° 57597/00.

[166] - cf. CEDH, *Hachette Filipacchi*, n° 71111/01 ; CEDH, *Eerikäinen*, n° 3514/02.

[167] - cf. CEDH, *Handyside*, série A n° 24 ; CEDH, *Editions Plon*, n° 58148/00 ; CEDH, *Lindon*, n°21279/02 et 36448/02.

B. Le respect de la dignité numérique

L'informatisation des pratiques apparaît comme un fait culturel majeur. Celle-ci se manifeste par la circulation sur le Web de productions photographiques, vidéographiques et textuelles qui restaient habituellement confinées dans la sphère privée, dépassant rarement le cadre du cercle familial ou amical. Ces productions, qui voient la part d'intimité de la vie des internautes devenir un matériau exploité à travers des formes de faible valeur artistique, alimentent de nombreux discours propices à l'atteinte à la morale.

L'état actuel des fraudes documentaires en ligne justifie que l'on s'intéresse à la protection de l'identité numérique[168]. Le contact incessant en ligne permet d'avoir un œil sur l'humeur d'un ami en surveillant la moindre de ses actions, et Facebook et Twitter ont poussé les choses jusqu'à l'excès. Les amants qui vivent dans des villes différentes utilisent leurs téléphones mobiles pour s'envoyer des petits messages et dire ce qu'ils font. On connaît ainsi plus de détails sur la vie des ses amis sur Twitter que sur celle de ses sœurs qui vivent ailleurs et avec lesquelles on échange comparativement assez peu.

Quand une personne dépose ses photographies, textes, ou vidéos sur le réseau, elle les dépose dans un espace public qui, aussi récent soit-il, est déjà extrêmement délimité et territorialisé : il se définit par ses zones commerciales (les sites marchands), ses espaces culturels (site d'informations et de savoir) et ses plateformes de partages de données (sites comme YouTube ou Dailymotion). Outils d'expression et de communication, l'ordinateur personnel comme le téléphone portable doivent être considérés comme les moyens de locomotion pour se déplacer sur le réseau. Ces appareils constituent la nouvelle panoplie des technologies du quotidien des ménages. Ces innovations technologiques sont célébrées à chaque instant avec la production tout azimut

---

[168] - En France, on estime à 200 000, le nombre annuel de victimes de fraudes à l'identité. – cf. BENSSOUSSAN Alain, « Protection de l'identité v. Dignité numérique », *Droit des technologies avancées*, 3 janvier 2012.

d'images et la circulation des données personnelles (photos, vidéo) qui nourrissent les blogs, les sites personnels, et les sites de vidéo, le Web étant naturellement envisagé comme un lieu de stockage et de partage de ces données.

Ainsi des millions de pages, FaceBook ou *MySpace* constituent le panorama contemporain des pratiques du réseau où l'intime s'émancipe, pour comprendre comment se met en place la « web-intimité » naissante[169]. Par-delà l'usage domestique de l'internet, la publication de pages personnelles, et l'édition de photographie et de textes, l'internet instaure une relation paradoxale à l'autre qui définit l'un des ressorts de la « web-intimité ». D'un côté, des internautes qui s'adressent à d'autres internautes, sans les connaître vraiment, et mettent à leur disposition des informations les concernant ; de l'autre, celles et ceux qui regardent, qui consultent les pages personnelles, deviennent dépositaires d'expériences, de tous ces moments de vie volontairement partagés.

La « web-intimité » permet de penser une rencontre improbable et pourtant réelle entre des inconnus grâce au réseau Internet entre des personnes qui ignorent s'ils ont la moindre affinité au-delà de l'usage des technologies du quotidien et de la fréquentation du réseau Internet[170]. La « web-intimité » peut conduire à l'expérience d'un trop plein d'images, à une saturation d'images de soi et des autres, à une sensation de vide et de dégoût.

---

[169] - THELY Nicolas, « La web-intimité », *Raison publique*, 31 mai 2012. URL : http://www.raison-publique.fr/article542.html
[170] - KALTENBACH Laure, « Pour l'intimité numérique Des droits universels pour protéger notre identité », *Le Monde*, 22 novembre 2013, p.1-2.

Chapitre 2 : La promotion de l'écosystème internet

Depuis deux décennies, l'internet a conquis le cadre de vie personnel et professionnel. On vit dans un écosystème numérique où tout se dématérialise. L'écosystème se définit comme « un ensemble dynamique d'organismes vivants qui interagissent entre eux et avec le milieu dans lequel ils vivent »[171]. Cette définition s'adapte parfaitement à l'univers que constitue le web. Les termes « dynamiques » et « interagissent » caractérisent fondamentalement l'internet. Toutefois, un élément diffère des écosystèmes traditionnels : un acteur, être vivant, peut créer un des milieux dans lequel il va évoluer, ce qui revient à être son propre créateur et pouvoir inventer ses propres règles du jeu[172]. Comme après le big-bang, le net continue d'être en expansion permanente et à absorber des vecteurs de communication extérieurs tels que les médias traditionnels notamment la Télévision et la Presse, les communications téléphoniques, le skype et le courrier. Il en résulte à la fois une expansion continue. L'écosystème que représente le net est riche et complexe. Au sein de ses territoires, les acteurs interagissent entre eux, s'aident, s'ignorent et se combattent. Chacune des communautés a ses objectifs et ses logiques propres. Internet est un écosystème en mutation constante où chaque acteur et chaque milieu est menacé par un autre. La vitesse et le dynamisme qui le caractérisent en font un lieu où rien n'est figé et où la notoriété n'est plus pérenne. Les réseaux sociaux constituent donc une réelle évolution de la communication basée sur le décloisonnement de la relation entre les utilisateurs. Dans tous les secteurs, il y a une présence importante d'internet sous des formes très diverses : Facebook et Twitter viennent rapidement à l'esprit, mais Youtube, Linkedin, les blogs, les forums, et bien d'autres encore sont tout aussi importants. En reliant ces plateformes, en optimisant leur contenu, on crée un écosystème web cohérent et

---

[171] - cf. Dictionnaire de français Larousse, voir « Ecosystème ».
[172] - Par exemple : Mark Zuckerberg est à la fois le créateur et un des acteurs d'un milieu : facebook.

efficace[173]. Le succès d'internet repose en grande partie sur son modèle unique : un développement commun, basé sur des normes ouvertes et gratuitement accessibles. Le succès sans précédent d'Internet ne cesse de s'étendre, car le modèle Internet est ouvert, transparent et collaboratif. Il repose sur des processus et des produits locaux, ascendants et accessibles aux utilisateurs du monde entier. Pour faire face à l'accroissement du nombre d'internautes et à la diversité des informations transportées, la République Centrafricaine devrait investir dans les infrastructures de communication (Section 1) et intervenir dans la gestion économique de l'internet (Section 2).

Section 1 : L'investissement dans les infrastructures de communication

La République Centrafricaine, pays enclavé, est l'un des moins attrayants en matière d'investissement dans l'internet en raison du niveau de revenu par habitant bien inférieur aux autres pays de la sous régions. Comment accélérer le développement des réseaux sur le territoire centrafricain, immense et peu connecté ? Comment étendre la couverture internet et mobile dans des régions parfois isolées et mal équipées ? Comment répondre au mieux à une demande croissante d'une population pour qui information et communication numériques représentent un vrai vecteur de développement ? L'Etat a donc la lourde mission, dans le cadre de sa fonction régalienne, d'améliorer les services d'accès à l'internet (Paragraphe 1) et aussi de contrôler l'usage des sites (Paragraphe 2).

Paragraphe 1 : L'amélioration des services d'accès à l'internet

Les progrès rapides des technologies de l'information et de la communication ont entraîné l'émergence d'une nouvelle société : la société de l'information. Cette société qui se développe dans un cadre de mondialisation

---

[173] - cf. FORUML ATENA, *L'Internet à l'usage de l'écosystème numérique de demain,*

implique pour l'ensemble des nations un agenda d'ajustement structurel[174]. Cet ajustement doit impérativement s'opérer en République centrafricaine, sous peine d'exclusion de la société mondiale de l'information. Internet apparaît comme la technologie qui véhicule le plus d'espoirs pour la République Centrafricaine. De nombreux acteurs internationaux et nationaux du développement devront dorénavant mettre en œuvre des projets susceptibles de combler le retard du pays dans le domaine d'Internet en assurant non seulement la couverture en réseau (A) mais aussi et surtout en le pourvoyant de l'électricité (B).

A. La couverture en réseau

Les réseaux fixes sont très peu développés en République centrafricaine car peu adaptés à la taille du territoire. Le téléphone mobile représente l'unique moyen d'accès à l'internet pour beaucoup de Centrafricains. Le Gouvernement centrafricain devrait donc travailler en priorité au déploiement de la 3G sur tout le territoire centrafricain, tout en combinant d'autres technologies originales et innovantes pour offrir un accès au web de qualité au plus grand nombre.

Outre les freins à l'expansion mentionnés ci-dessus, les principaux obstacles à la croissance de l'internet en République centrafricaine demeurent la faiblesse du pouvoir d'achat, et une trop longue négligence des politiques publiques à l'égard des nouvelles technologies encore aggravée par la faiblesse des moyens mis en œuvre et un rapport de force le plus souvent en faveur des grands opérateurs privés[175]. Or, ces derniers privilégient une optique de rentabilité à court terme, parfois au détriment d'un schéma de développement à échéance longue qui serait plus profitable pour l'ensemble de la collectivité.

---

[174] - LEROUEIL Jacques, « Internet en Afrique : état des lieux », *L'Afrique des idées*, 2 juin 2011, [En ligne], URL : http://terangaweb.com/internet-en-afrique-etat-des-lieux/
[175] - cf. CONTE Bernard, « *La fracture numérique en Afrique* », [En ligne], URL : *www.ged.u-bordeaux4.fr*

Le tableau de l'évolution actuelle d'internet en République Centrafricaine serait incomplet s'il n'était tenu compte aussi d'un phénomène de convergence technologique actuellement à l'œuvre sur le continent et qui contribue grandement à la diffusion du web : l'Internet mobile[176]. L'usage de terminaux portatifs est désormais entièrement entré dans les mœurs.

La démocratisation et la maturité désormais éprouvées d'internet augurent donc encore de nombreux changements[177], et la République centrafricaine dispose d'une opportunité historique de sauter des étapes dans une perspective de développement accéléré en s'appropriant pleinement ce formidable médium que constitue Internet. La saga continue et l'avenir est encore à écrire. Mais au-delà des types de connexion, ce qui entrave le plus le développement de l'internet en République centrafricaine n'a rien à voir avec les problèmes d'accès au réseau. Il s'agit du problème de la fourniture de l'électricité.

B. L'électricité

L'électricité, perçue par beaucoup comme le principal vecteur de l'internet, et sa première nécessité, est aussi son principal handicap en République Centrafricaine. Les pannes multiples sont le lot quotidien des internautes: coupures répétées de courant électrique de quelques secondes à plusieurs dizaines d'heures, onduleurs ne parvenant pas à réguler proprement le courant, générateurs arrêtés parce que trop coûteux, etc. Les systèmes matériels sont défaillants parce qu'ils ne répondent pas à des normes techniques et organisationnelles pour faire fonctionner les ordinateurs.

En République centrafricaine, toutes les infrastructures au sol, à l'instar de l'électricité, souffrent de défaillance organisationnelle, plutôt que de

---

[176] - RENAUD Pascal, « *Internet en Afrique : un immense espoir dans la jeunesse* », [En ligne], URL : *www.tic.ird.fr*
[177] - cf. Association pour le développement de l'éducation en Afrique, « *Le développement de l'Internet en Afrique* », [En ligne], URL : www.adeanet.org

particularités techniques de tel ou tel réseau. En effet, pour construire et pérenniser un réseau, il faut du personnel bien formé, des travaux de génie civil, donc des cartes géographiques à jour, une pluridisciplinarité de corps de métier différents, une bonne coordination pour éviter que certains travaux ne détruisent accidentellement le réseau, un entretien régulier pour le maintien en bon état, une certaine citoyenneté, un système politique suffisamment stable et des corps de techniciens compétents pour choisir, prévoir et planifier les infrastructures[178].

Toutes ces conditions impliquent un état du droit alors que la majorité des activités économiques ne sont pas enregistrées et fonctionnant selon des systèmes informels[179]. L'électricité est un problème sérieux en République centrafricaine avec pour conséquence, entre autres, tout téléchargement est extrêmement problématique, sinon voué à l'échec. L'accès à l'électricité en République centrafricaine est actuellement un véritable enjeu de développement de l'internet.

Paragraphe 2 : Le contrôle des sites

Des exigences de sécurité, de prévention ou de contrôle de l'encombrement du réseau peuvent conduire les administrations à mettre en place des outils de contrôle de l'utilisation de l'internet[180]. Les internautes doivent notamment être informés de ces dispositifs et de la durée pendant laquelle les données de connexion seront contrôlées. Le contrôle du contenu des sites peut être effectué de manière externe avec des moyens et des limitations assez semblables à ceux du contrôle interne. En effet, grâce aux moteurs de recherche, chacun peut obtenir la liste des pages contenant une chaîne de caractères donnée et les faire afficher. Les moyens de contrôle interne, à la portée du fournisseur d'hébergement, sont plus nombreux mais leur portée reste

---

[178] - « Electricité : l'Afrique veut sa part de lumière », *Le Parisien*, 17 avril 2015.
[179] - NSEKE Léopold, « Le marché de l'électricité en Afrique : Demande largement insatisfaite », *Afrique expansion*, décembre 2012.
[180] - LELOUP Damien, « Qui contrôle Internet ? », *Le Monde*, septembre 2011.

limitée compte tenu des volumes d'information en cause et de la volatilité de l'information. Il existe plusieurs possibilités de techniques de contrôle (A) qui peuvent entraîner la sanction des abus (B).

A. Les techniques de contrôle

De nombreux internautes ne cessent de se poser la question de savoir qui contrôle aujourd'hui Internet. En raison de sa nature décentralisée, internet n'est pas « contrôlé » par un organisme unique, Etat ou entreprise. Contrairement à une idée répandue, le réseau n'est pas non plus une « jungle » totalement libre : à tous les échelons, de nombreux organismes exercent ou peuvent exercer un contrôle ou une censure sur les informations qui y circulent[181].

Au niveau mondial, les structures les plus fondamentales d'Internet sont sous le contrôle de l'Icann, *l'Internet corporation for assigned names and numbers*. Cet organisme a un statut particulier, puisqu'il s'agit d'une société à but non lucratif, soumise au droit californien. Composé de nombreuses commissions, qui gèrent des problématiques structurelles, l'Icann encadre notamment les noms de domaine ou le fonctionnement des adresses IP (Internet Protocol), les adresses de machines et de sites sur le réseau. La gouvernance de cet organisme stratégique fait l'objet de nombreux débats : plusieurs pays lui reprochent notamment la sur-représentation des Américains dans les différentes commissions. L'Europe et la Chine, notamment, demandent depuis plusieurs années une plus grande ouverture dans la gestion de la fonction du service qui gère par exemple les noms de domaine en .com. Le pouvoir de l'Icann est fondamental, puisque l'organisation peut suspendre des noms de domaines entiers. Pour le bon fonctionnement du réseau, un organisme distinct de l'Icann est également chargé de fixer les normes techniques des technologies les plus courantes sur Internet, comme le langage HTML : le World Wide Web

---

[181] - cf. http://www.lemonde.fr/technologies/article/2011/09/01/qui-controle-internet_1566544_651865.html#y7tvBrVIoCWArhpQ.99

Consortium (W3C). Sa gestion est assurée conjointement par des experts américains, européens et japonais[182].

Au niveau national, si l'internet est décentralisé, le réseau reste cependant tributaire de la présence de câbles pour son bon fonctionnement. Or, de nombreux pays sont dépendants, pour leur accès au réseau, d'un ou deux câbles sous-marins ou souterrains. En Afrique, des pays entiers voient leur accès tributaire des décisions des pays voisins ou des choix des entreprises privées. Surtout, les pays disposent techniquement de la capacité de bloquer ou de censurer tout ou partie d'Internet. Sans aller jusqu'à ces extrémités, de nombreux pays exercent aussi un contrôle très fort sur le réseau. Des contenus contraires aux lois nationales sont ainsi bloqués dans la plupart des pays autoritaires, mais aussi dans des démocraties[183]. L'organisation de défense de la liberté d'expression Reporters sans frontières (RSF) publie chaque année un classement des pays qui censurent internet ; elle a classé dix pays comme « ennemis d'internet » en raison de la censure draconienne qu'ils exercent sur le réseau[184].

Pour chaque ordinateur, au sein d'un même pays, plusieurs acteurs peuvent exercer un contrôle sur la manière dont les utilisateurs accèdent à internet. Les fournisseurs d'accès disposent théoriquement d'importants pouvoirs : ils peuvent bloquer ou ralentir certains types de trafic, par exemple le téléchargement. Depuis la création du web, une règle tacite, dite de « Neutralité du Net », prévoit que les opérateurs ne font pas de discrimination des contenus

---

[182] - cf. http://www.lemonde.fr/technologies/article/2011/09/01/qui-controle-internet_1566544_651865.html#y7tvBrVIoCWArhpQ.99

[183] - En France, la loi sur les jeux d'argent en ligne permet d'ordonner le filtrage des sites qui n'ont pas reçu un agrément. En Australie, un vaste projet de filtre a été repoussé à plusieurs reprises devant les difficultés techniques et politiques. Ces systèmes de filtrage ne sont en effet pas infaillibles, mais les solutions de contournement peuvent être relativement complexes à utiliser. En savoir plus sur http://www.lemonde.fr/technologies/article/2011/09/01/qui-controle-internet_1566544_651865.html#y7tvBrVIoCWArhpQ.99

[184] - Parmi eux, la Chine, la Birmanie et l'Iran, où les activités des internautes sont également espionnées. La Russie, le Venezuéla ou la France sont, eux, classés comme « pays sous surveillance » en raison de lois en vigueur qui permettent de filtrer des sites Web.

circulant sur le réseau : quel que soit l'utilisateur ou le type de données, toutes les informations doivent théoriquement circuler à la même vitesse. Mais les fournisseurs d'accès à internet, qui se plaignent d'engorgements suite au développement exponentiel du web, souhaitent pouvoir, dans certains cas, s'affranchir de cette règle. Pour des raisons de gestion du réseau, estiment-ils, il serait souhaitable de pouvoir donner la priorité à certains « paquets » d'informations au détriment d'autres, comme les vidéos en ligne par exemple[185].

En bout de chaîne, l'internaute est également soumis au contrôle de son réseau local, s'il n'est pas directement connecté à Internet. En pratique, ce sont souvent les entreprises qui détiennent le plus de pouvoir sur la connexion d'un internaute. Il est en effet plus simple de filtrer un réseau de petite taille que de le faire à l'échelle d'un pays.

Compte tenu du caractère privé reconnu au courrier électronique, il est risqué, pour le responsable du serveur, de contrôler les échanges. Tout d'abord, la loi protège le secret des correspondances. En ce sens, le Code pénal prévoit que « Le fait, commis de mauvaise foi, d'ouvrir, de supprimer, de retarder ou de détourner des correspondances arrivées ou non à destination et adressées à des tiers, ou d'en prendre frauduleusement connaissance, est puni d'un an d'emprisonnement et de 45000 euros d'amende. Est puni des mêmes peines le fait, commis de mauvaise foi, d'intercepter, de détourner, d'utiliser ou de divulguer des correspondances émises, transmises ou reçues par la voie des télécommunications ou de procéder à l'installation d'appareils conçus pour réaliser de telles interceptions »[186].

De plus, il est certain qu'un contrôle systématique des contenus des messages est techniquement très lourd et illégal. Toute la difficulté est de trouver un équilibre entre la protection de l'intimité des internautes et l'intégrité du réseau. Lorsqu'un internaute est suspecté d'agissements anormaux, celui-ci

---

[185] - Dans certains pays, et notamment aux Etats-Unis et au Canada, les fournisseurs d'accès à internet brident la vitesse de connexion et la quantité de données téléchargeables par les internautes.
[186] - Article 226-15 du Code pénal.

doit être prévenu de la surveillance dont il fait l'objet. La surveillance du courrier se justifie uniquement afin de prévenir toutes activités déloyales ou illégales commises par les enseignants ou les élèves pouvant compromettre l'intégrité du réseau. Dans un arrêt du 17 décembre 2001, la Cour d'appel de Paris reconnaît qu'il était dans la fonction des administrateurs d'assurer le fonctionnement normal des réseaux et de veiller à leur sécurité. Cela implique qu'ils aient un accès à l'ensemble des données du réseau afin de régler les problèmes techniques, notamment ceux relatifs à la sécurité informatique. Le Forum de l'internet recommande que soit reconnue une obligation de confidentialité au bénéfice des administrateurs qui pourraient « surveiller » le courrier sans lire son contenu, seulement pour sauvegarder la sécurité du réseau[187].

B. La sanction des abus sur internet

Les principes de la sanction des abus sur internet établissent des normes applicables aux institutions nationales et internationales concernées par le droit à la liberté de l'information. Ils serviront principalement aux législations nationales sur la liberté de l'information et le libre accès à l'information officielle, mais ils pourront également être appliqués à l'information détenue par les institutions intergouvernementales. Ces sanctions reposent sur la législation et les normes nationales et régionales, sur l'évolution des pratiques de l'Etat telle qu'elle se manifeste, entre autres, dans les lois nationales et les jugements des tribunaux nationaux, ainsi que sur les principes généraux du droit, reconnus par la communauté des nations.

Ainsi, vis-à-vis de l'internet, l'utilisateur assume des responsabilités qui sont synonymes de l'obligation de réparer un préjudice qui résulte de son action. Mais, qui fait quoi, ou qui doit répondre de ce qui se passe lors des activités en

---

[187] - Recommandations du Forum de l'Internet « relations du travail et internet » sur la surveillance des Courriers à consulter sur http://www.foruminternet.org

ligne ? Le droit français connaît trois régimes distincts de responsabilité. Lors d'activités en ligne, l'auteur peut être appelé à réparer un éventuel préjudice au titre soit de la responsabilité administrative, soit de la responsabilité civile, soit de la responsabilité pénale.

Dans le cas de la responsabilité administrative, l'État est reconnu responsable lorsqu'une faute de service à l'origine du préjudice est prouvée. Une faute de service correspond au fait ou agissement résultant d'une «mauvaise organisation ou un fonctionnement défectueux du service public »[188], c'est-à-dire une faute fatale, anonyme, que n'importe quel fonctionnaire aurait commise dans les mêmes conditions. Bien que l'auteur de la faute soit l'agent public, l'État est responsable car la faute est indissociable du service public. C'est pourquoi les juridictions de l'ordre administratif et, à leur sommet, le Conseil d'État sont seuls compétents pour ce type de litige car cela implique de porter une appréciation sur le fonctionnement de l'administration.

Dans le cas de la responsabilité civile, l'auteur est reconnu responsable lorsqu'une faute personnelle à l'origine du préjudice est prouvée. La faute personnelle correspond au fait ou agissement dommageable commis par une personne physique ou morale, mais qui peut se détacher de la fonction. La faute résulte non pas du dysfonctionnement du service, mais du comportement individuel de l'agent, de son humeur ou de sa volonté, de sorte qu'une autre personne dans les mêmes circonstances aurait pu agir autrement. Ici, l'auteur est personnellement responsable de la faute à l'origine du préjudice. C'est pourquoi les juridictions de l'ordre judiciaire et à leur tête la Cour de cassation sont compétentes pour ce type de litige, car cela n'implique qu'une appréciation du comportement de l'agent sans considération de sa fonction.

Enfin, la responsabilité pénale est engagée lorsqu'une personne commet une infraction définie au Code pénal. Dans ce cas, il ne s'agit plus de faute personnelle, mais de contravention, délit ou crime selon la gravité des faits.

---

[188] - TRIB. CONFL. 6 mars 1989.

La diffusion de certaines informations par le biais du courrier électronique et des réseaux sociaux peut causer un préjudice aux personnes. Les principales situations préjudiciables aux personnes sont les atteintes à la vie privée ou à la réputation, l'usage non autorisé de l'image, le harcèlement ou les menaces et la réception de messages non sollicités.

Les courriers électroniques ou les postes sur les réseaux sociaux peuvent contenir des précisions sur l'intimité de l'expéditeur ou d'un tiers. La correspondance privée peut être l'occasion de divulguer des informations sur soi-même ou sur des tierces personnes. Deux situations sont à distinguer. Dans le premier cas, l'expéditeur du message consent volontairement à révéler au seul destinataire un élément de sa vie intime. Ici, le destinataire doit être considéré comme un confident qui est tenu de garder secret l'information révélée, sauf autorisation de l'expéditeur. La vie privée de l'expéditeur du message est ici sauvegardée. Dans le second cas, des informations intimes sont divulguées à des tiers sans le consentement de l'intéressé. Un message destiné à une personne déterminée est retransmis à d'autres par celle-ci[189]. Ici, il y a atteinte à la vie privée et cela tombe sous le coup de la loi pénale.

Le Code pénal prévient cette disposition : « Est puni d'un an d'emprisonnement et de 45000 euros d'amende le fait, au moyen d'un procédé quelconque, volontairement, de porter atteinte à l'intimité de la vie privée d'autrui :

1- En captant, enregistrant ou transmettant sans le consentement de leur auteur, des paroles prononcées à titre privé ou confidentiel ;

2- En fixant, enregistrant ou transmettant, sans le consentement de celle-ci, l'image d'une personne se trouvant dans un lieu privé.

---

[189] - Attention : un mauvais usage de la fonction « faire suivre un message » peut conduire à commettre un délit. Un contenu confidentiel envoyé à une personne déterminée peut ainsi être réexpédié à d'autres personnes. Le destinataire du message confidentiel doit prendre garde de ne pas le diffuser. Il doit respecter la confidentialité de la correspondance. Le conseil vaut également pour les fonctions « fichier joint » ou « copie conforme ».

- Lorsque les actes mentionnés au présent article ont été accomplis au vu et au su des intéressés sans qu'ils s'y soient opposés, alors qu'ils étaient en mesure de le faire, le consentement de ceux-ci est présumé »[190].

Le contenu d'un courrier électronique peut nuire à la réputation d'une personne. Le message sera jugé diffamatoire uniquement s'il est diffusé auprès d'au moins une tierce personne et qu'il donne de la victime, qui doit être identifiable, une perception négative qui l'expose à la haine ou au mépris, au risque de lui faire perdre l'estime ou la confiance du public. Selon le Code pénal, « Le fait, par toute personne qui a recueilli, à l'occasion de leur enregistrement, de leur classement, de leur transmission ou d'une autre forme de traitement, des informations nominatives dont la divulgation aurait pour effet de porter atteinte à la considération de l'intéressé ou à l'intimité de sa vie privée, de porter, sans autorisation de l'intéressé, ces informations à la connaissance d'un tiers qui n'a pas qualité pour les recevoir est puni d'un an d'emprisonnement et de 15000 euros d'amende. La divulgation prévue à l'alinéa précédent est punie de 7500 euros d'amende lorsqu'elle a été commise par imprudence ou négligence. Dans les cas prévus aux deux alinéas précédents, la poursuite ne peut être exercée que sur plainte de la victime, de son représentant légal ou de ses ayant droit »[191].

Comme la diffusion d'informations intimes, en vertu de l'alinéa 3 de l'article 226-1 du Code pénal, l'image d'une personne dans un lieu privé peut être diffusée uniquement si celle-ci autorise le destinataire du message à faire suivre l'image[192].

Toute communication interpersonnelle telle que le téléphone, le courrier électronique et les réseaux sociaux peut également être le moyen de harceler une personne. Autrement dit, envoyer à un internaute, sur sa boîte de courrier,

---

[190] - Voir article 226-1 du Code pénal.
[191] - Article 226-22 du Code pénal.
[192] - La fonction « fichier joint » ne doit transmettre des photos privées d'une personne à des tiers qu'avec le consentement de la personne photographiée.

plusieurs messages désobligeants, agressifs ou menaçants axés sur le sexe, la religion ou la race, est comportement pénalement réprimé[193].

Méfait de la « marchandisation » de l'internet les messages non sollicités, appelés également pourriel ou spamming, sont une utilisation abusive du courrier électronique. Cela consiste en l'envoi massif de messages souvent publicitaires ou à caractère commercial dans les boîtes électroniques d'internautes qui ont la malchance de voir leur adresse électronique vendue par un acteur du commerce électronique. Cette pratique est partiellement condamnée par la législation européenne[194].

Par le biais de la fonction « pièce jointe ou attachment », il y a atteinte au droit d'auteur ou plus précisément non respect du droit de reproduction lorsque le courrier électronique transmet des fichiers textuels, visuels ou musicaux sans l'autorisation de leur auteur.

Par le biais des outils Internet et du courrier électronique en particulier, les utilisateurs peuvent propager des virus pouvant altérer le fonctionnement du matériel informatique, voire le rendre inutilisable. La loi pénale punit ce type d'agissement. D'après le Code pénal, « le fait d'entraver ou de fausser le fonctionnement d'un système de traitement automatisé de données est puni de trois ans d'emprisonnement et de 45 000 € d'amende »[195]. Le Code pénal ajoute que « le fait d'introduire frauduleusement des données dans un système de traitement automatisé ou de supprimer ou de modifier frauduleusement les données qu'il contient est puni de trois ans d'emprisonnement et de 45 000 € d'amende »[196].

---

[193] - Article 222-17 du Code pénal.
[194] - cf. Article 13 de la directive n° 2002/58/CE du 12 juillet 2002.
[195] - Article 323-2 du Code pénal.
[196] - Article 323-3 du Code pénal.

Section 2 : La gestion de l'environnement macro-économique de l'internet

L'apparition de l'internet a mis en place un marché idéal où une multitude d'offreurs et une pléthore de demandeurs se confrontent librement en toute fluidité et en toute transparence[197]. Après son apparition, dans certains secteurs, comme le tourisme, les modes de commercialisation ont été complètement modifiés en l'espace de quelques années et de nouveaux acteurs ont bousculé les intervenants en place. Les effets de cette révolution ne font pas sentir uniquement dans la distribution mais aussi par exemple dans le marché du travail où le métier d'intermédiaire a profondément évolué. L'internet a non seulement bouleversé le marché (Paragraphe 1), mais aussi opéré un changement dans les relations sociales (Paragraphe 2).

Paragraphe 1 : La promotion du marché d'internet

Dans un article de presse paru en 2008 et intitulé « Faire son marché sur internet », Jean-Claude RIBAUT écrit « Le pire et le meilleur sont sur le web : légumes de maraîchers, produits gourmands, recettes de chefs, mais aussi arnaques »[198]. Depuis la révolution opérée par Internet, tout s'achète en ligne. Après le commerce électronique (A), le marché d'occasion a conquis le quotidien des internautes (B).

A. Le commerce électronique

Selon la définition de l'OCDE (Organisation de Coopération et de Développement Economique), le commerce électronique, e-commerce en anglais, est « la vente ou l'achat de biens ou de services, effectués par une entreprise, un particulier, une administration ou toute autre entité publique ou

---

[197] - CHEVALIER Marc, « L'internet réinvente le commerce », *Alternatives économiques*, n°248, juin, 2006.
[198] - RIBAUT Jean-Claude, « Faire son marché sur internet » *in Le Monde*, 18 juin 2008, [En ligne], URL : http://www.lemonde.fr/vous/article/2008/06/18/faire-son-marche_1059743_3238.html

privée, et réalisé au moyen d'un réseau électronique »[199]. Le commerce électronique est une opération de vente directe en ligne[200] par laquelle il y a échange pécuniaire de biens, de services et d'informations par l'intermédiaire des réseaux informatiques[201]. Internet attire donc les consommateurs car il facilite la comparaison immédiate des offres et des prix ; on assiste d'ailleurs à l'essor de moteurs de recherche spécialisés dans la comparaison des offres en lignes. On trouve des systèmes de vente spécialement adaptés à internet : développement de photographies numériques, téléchargement de musique, vente aux enchères entre particuliers, location de DVD par internet[202]. De nombreuses entreprises proposent des services sur internet, payants ou non, tels que banque en ligne, assurance en ligne, presse en ligne.

Le développement du commerce électronique a entraîné l'adoption des textes susceptibles de régir son fonctionnement[203]. A cet effet, l'Union européenne a adopté, par la directive n° 2002/58/ du 12 juillet 2002, l'approche *opt-in* qui pose le principe du consentement préalable. La

---

[199] - « Le commerce électronique », *La Documentation française*, [En ligne], URL : http://www.ladocumentationfrancaise.fr/dossiers/internet-monde/commerce-electronique.shtml

[200] - « Tableau de bord du commerce électronique », mars 2006, 7e éd., Sessi-Minefi, disponible sur www.telecom.gouv.fr/webmen/informations/tabord06/tbord_03_2006.htm

[201] - On distingue : - l'échange électronique entre entreprises, souvent appelé B2B (acronyme anglais de *Business to Business*) ;
- le commerce électronique à destination des particuliers, ou B2C (*Business to Consumer*). Il s'agit de sites web marchands, type télé-achat ;
- le commerce électronique entre particuliers, ou C2C (*Consumer to Consumer*). Il s'agit de sites web permettant la vente entre particuliers (immobilier, bourses, annonces, échanges...) ;
- l'échange électronique entre les entreprises privées et le gouvernement, souvent appelé B2G (*Business to Government*) ou B2A (*Business to Administration*).

[202] - Parmi les principaux biens et services vendus par internet aux particuliers (B2C), on peut citer :
- les biens culturels, comme les: livres, CD et DVD ;
- le matériel informatique, hi-fi, vidéo, photo ;
- le secteur du tourisme et des loisirs : séjours, voyages, locations, billets de train, d'avion ;
- les biens de consommation courante (vêtements, meubles, électroménager, jouets).

[203] - En droit français, trois lois concernent spécifiquement le commerce électronique :
- la loi 2000-230 relative a la preuve électronique du 3 mars 2000 ;
- la loi pour la confiance dans l'économie numérique (LCEN) 2004-575 du 21 juin 2004 qui est la transposition en France de la directive européenne du 8 juin 2000 ;
- la loi sur la protection des personnes physiques à l'égard des traitements de données à caractère personnel du 6 août 2004 modifiant la loi n° 78-17 du 6 janvier 1978, relative à l'informatique, aux fichiers et aux libertés.

transposition en droit français s'est effectuée avec l'adoption de la loi pour la confiance dans l'économie numérique (LCEN) 2004-575 du 21 juin 2004.

Au niveau du Conseil de l'Europe, les règles matérielles concernant le commerce électronique sont mises en place avec la Recommandation du Conseil de l'Europe du 11 décembre 1981, qui visait à engager les Etats membres à rapprocher leurs législations, notamment dans le sens des enregistrements et de la preuve informatique. Puis le Conseil a adopté, le 23 novembre 2001, la Convention sur la cybercriminalité, l'un des principaux risques rencontrés par le commerce électronique. Elle concerne non seulement les Etats-membres mais également le Japon et les Etats-Unis qui l'ont signée.

Au niveau de l'ONU, la première initiative dans ce domaine est marquée par la Recommandation de la CNUDCI (Commission des Nations Unies pour le Droit Commercial International) relative à la valeur juridique des enregistrements informatiques du 11 novembre 1985, visant à favoriser la prise en compte des nouveaux documents informatisés dans les transactions internationales. La CNUDCI a ensuite adopté deux textes types : d'une part la loi type sur le commerce électronique adoptée le 16 décembre 1996, sans caractère contraignant, mais qui exerce une forte influence et que nombre d'Etats et d'institutions considèrent comme une norme de fait ; d'autre part, la loi type sur les signatures électroniques, adoptée le 5 juillet 2001, dont le principal apport est de définir une règle de bonne conduite informatique en vertu de laquelle toute personne qui omet d'effectuer une vérification de la fiabilité d'un système informatique avant de s'engager subit directement les inconvénients de sa négligence.

Au niveau de l'Union européenne, il y a deux instruments fondamentaux intéressant le commerce électronique. D'une part, la directive 1999/93 sur la signature électronique du 13 décembre 1999 a mis en place un cadre juridique harmonisé en matière de signature électronique qui s'articule autour de 2 objectifs : la reconnaissance juridique des signatures électroniques et l'établissement d'un cadre juridique pour l'activité des prestataires de services de certification. D'autre part, la directive 2000/31/CE sur le commerce électronique du 8 juin 2000 a institué au sein du marché intérieur un cadre pour le commerce électronique garantissant la sécurité juridique pour les entreprises et pour les consommateurs. Elle établit des règles harmonisées sur des questions comme les exigences en matière de transparence et d'information imposées aux fournisseurs de services en ligne, les communications commerciales, les contrats par voie électronique ou les limites de la responsabilité des prestataires intermédiaires. Par ailleurs, la directive 2001/29/CE du 22 mai 2001 sur l'harmonisation de certains aspects du droit d'auteur et des droits voisins dans la société de l'information ne concerne pas directement la question du commerce électronique, mais entraîne de nombreuses conséquences pour ce dernier.

Le commerce électronique permet un haut niveau de personnalisation des produits, notamment si le site de commerce électronique est couplé avec le système de production de l'entreprise[204]. La plupart des sites de commerce électronique sont des boutiques en ligne[205]. Le client effectuant des achats sur internet est appelé cyberconsommateur[206]. Ainsi, le commerce électronique est

---

[204] - par exemple cartes de visites, objets personnalisés tels que t-shirts, tasses, casquettes, etc.
[205] - Chaque boutique en ligne comprend des éléments tels que :
    - Un catalogue électronique en ligne, présentant l'ensemble des produits disponible à la vente, leur prix et parfois leur disponibilité (produit en stock ou nombre de jour avant livraison) ;
    - Un moteur de recherche permettant de trouver facilement un produit à l'aide de critères de recherche (marque, gamme de prix, mot clé, ...)
    - Un système de caddie virtuel (appelé parfois *panier virtuel*) : il s'agit du cœur du système de e-commerce. Le caddie virtuel permet de conserver la trace des achats du client tout au long de son parcours et de modifier les quantités pour chaque référence ;
    - Le paiement sécurisé en ligne (*accounting*) est souvent assuré par un tiers de confiance (une banque) via une transaction sécurisée ;
    - Un système de suivi des commandes, permettant de suivre le processus de traitement de la commande et parfois d'obtenir des éléments d'information sur la prise en charge du colis par le transporteur.
[206] - Le *e-Commerce* ne se limite pas à la seule vente en ligne, mais englobe également :
    - La réalisation de devis en ligne ;
    - Le conseil aux utilisateurs ;
    - La mise à disposition d'un catalogue électronique ;
    - Un plan d'accès aux points de vente ;
    - La gestion en temps réel de la disponibilité des produits (stocks) ;
    - Le paiement en ligne ;

en expansion constante. Un des facteurs stimulant cette croissance est le développement du marché d'occasion sur internet.

B. Le marché d'occasion sur internet

Avec Internet, le marché de la seconde main a brutalement changé de dimension[207]. D'une manière générale, internet permet une interaction entre offreur et consommateur. Un des aspects du changement apporté par Internet, et non des moindres, est l'ampleur sans précédent donnée au marché de l'occasion, mettant directement en relation les particuliers, avec des sites de vente d'occasion, non sans effets majeurs en retour sur les marchés du neuf[208].

Le développement d'internet a créé un nouveau marché : « le marché de l'occasion en ligne ». A nouvelle technologie, nouveaux usages et nouveaux objets[209] : le marché de l'occasion en ligne ne rassemble pas les mêmes acheteurs et vendeurs que ceux de la vraie vie[210]. Ce nouveau marché ne fonctionne pas de la même manière, et les objets échangés connaissent une nouvelle vie. Il ne s'agit plus, pour des particuliers, de revendre un produit à un magasin existant, sur le modèle des magasins d'occasion tels que Cash Converters, mais d'utiliser Internet pour mettre en réseau un acheteur et un vendeur d'un bien précis. Les particuliers sont à la fois acheteurs et vendeurs, le site Internet n'étant qu'un intermédiaire rendant possible cet échange. Seul internet a rendu possible l'émergence d'un tel marché d'occasion : l'effet réseau permet de créer pour chaque objet son propre marché par le biais de plateformes

---

- Le suivi de la livraison ;
- Le service après-vente.

[207] - L'exemple d'eBay a très vite été suivi par d'autres acteurs eux aussi spécialisés dans l'occasion, comme Priceminister, 2xmoinscher ou des vendeurs de produits neufs se diversifiant dans l'occasion, comme Amazon.

[208] - CERTEAU (DE) Michel, *L'invention du quotidien*, Tome I, *Arts de faire*, Paris, UGE, 1980.

[209] - ROUSTAN Mélanie, *Sous l'emprise des objets ? Culture matérielle et autonomie*, Paris, L'Harmattan, coll. « Logiques sociales », 2007.

[210] - BADOT Olivier, BENOUN Marc (dir.), *Commerce et Distribution : Prospective et Stratégies*, Paris, Economica, Coll. « Recherche en Gestion », 2005.

commune d'échange. Achats et ventes de produits d'occasion sur Internet semblent être des stades ultimes du comportement d'internaute.

Le Centre de Recherche pour l'Etude et l'Observation des Conditions de Vie (CREDOC) s'est proposé d'analyser les aspects économiques et sociologiques, voire anthropologiques, de la transformation par internet des « seconds marchés », occasion et collection. A cet effet, il a énuméré plusieurs logiques pour différents consommateurs conduisant au marché d'occasion sur internet[211].

En premier lieu, la logique économique et utilitaire répond à des contraintes financières, mais avec deux types de comportements différents. Ce sera l'esprit « débrouille » de personnes aux revenus limités, cherchant sur internet comme ailleurs à bénéficier des prix les plus bas. A l'opposé, des personnes aux revenus confortables utiliseront le marché de l'occasion afin d'améliorer leur consommation quotidienne avec des produits plus haut de gamme qu'ils n'auraient pas nécessairement pu s'offrir neufs. Ce mode de consommation répond à une diversification des modes d'approvisionnement, qui permet de maximiser les possibilités financières. Enfin, la connaissance du marché de l'occasion peut être l'opportunité pour certains de gagner de l'argent en revendant plus chers certains produits achetés ailleurs dans une logique de « business ».

Les logiques esthétique et patrimoniale conduisent aussi au marché de l'occasion sur internet : ce sera le collectionneur à la recherche d'une pièce rare ou le chineur, achetant des objets au gré de ses envies[212]. Enfin, le plaisir de l'achat, tout simplement, peut conduire au marché de l'occasion sur Internet[213]. L'accès à une galerie marchande quasi illimitée, ouverte en permanence, aux

---

[211] - ROUSTANT Mélanie, « Acheter d'occasion sur internet. Parcours de consommateurs, vies d'objets », *Cahier de recherche* n° 239 décembre 2007.

[212] - ROUSTAN Mélanie, *Peut-on parler d'une dématérialisation de la consommation ?*, Paris, CREDOC, Cahier de recherche n°203, 2004.

[213] - ROCHEFORT Robert, *Le consommateur entrepreneur. Les nouveaux modes de vie*, Paris, Odile Jacob, 1997.

prix nécessairement plus bas que ceux des produits neufs, peut procurer un grand plaisir à certains internautes. Le plaisir ludique du shopping y est alors multiplié.

La connaissance du marché de l'objet, tant pour le vendeur que pour l'acheteur, est ainsi nécessaire pour en déterminer le juste prix. La bonne transaction se fera en jouant sur le déficit d'information de l'une ou l'autre des parties : plus que jamais, l'information a une valeur marchande – celle de la bonne affaire. Cette connaissance du marché devra être développée par les parties pour éviter la « mauvaise » affaire. Au final, le marché de l'occasion sur Internet est représentatif de l'évolution de la consommation[214]. En développant le marché « C to C », directement entre individus, il participe d'une horizontalité des échanges commerciaux, à l'opposé de la verticalité des échanges du siècle dernier.

Par ailleurs, c'est un système fonctionnant essentiellement sur la connaissance du marché de l'objet : la connaissance partagée devient un enjeu commercial, et cela est symptomatique de la société d'aujourd'hui, fondée non seulement sur l'accès à l'information, mais surtout sur l'accès à la bonne information au bon moment. Enfin, en donnant une nouvelle vie aux objets, en créant de nouveaux marchés pour des objets que l'on croyait morts, Internet agrandit de manière exponentielle l'univers matériel. Le monde des objets est « sans fin » et les objets seraient immortels au-delà de leur épuisement technique, tel un téléviseur cassé pour un collectionneur excentrique.

Paragraphe 2 : L'internet au service du changement social

L'un des problèmes les plus caractéristiques pouvant se poser en République Centrafricaine est sans doute celui qui est lié à la question de l'internet et du changement social. Il suffit de penser aux nombreuses interrogations sur internet liées aux besoins de changements en République

---

[214] - BAUDRILLARD Jean, *La société de consommation*, Paris, Gallimard, 1970.

centrafricaine. Cette approche du changement par la technologie a remis sur le tapis les vieux débats sur les technologies et le développement, l'informatisation de la société, l'information et le développement, la presse et le développement, la libre circulation de l'information non pas uniquement en terme d'échange de flux entre le Sud et le Nord, mais également le partage juste et équilibré des ressources informationnelles et le libre accès aux bases de données, à l'origine de la controverse sur le Nouvel Ordre Mondial de l'Information et de la Communication (NOMIC)[215]. Dans un pays comme la République centrafricaine minée par des crises multiformes, politique, économique et sociale, l'internet pourrait bien contribuer au changement de comportement (A) et à l'amélioration du niveau de vie (B).

A. Le changement de comportement

La communication pour les changements sociaux est une science complexe qui vient à peine de voir le jour et qui continuera donc d'évoluer à mesure que la recherche critique débouchera sur de nouvelles connaissances. Toutefois, il est bon de souligner qu'aucune forme de communication pour les changements sociaux ne saurait satisfaire tout le monde. Très peu en empathie avec les théories générales et, en s'inspirant des paradigmes humanistes et des sciences du comportement, on pense que c'est la situation de communication et son environnement socioculturel qui déterminent dans une large mesure les stratégies à suivre dans toutes les expériences de gestion du changement. Les phénomènes contemporains de la propagande, de la commercialisation de l'information, du développement du spectacle ou de l'instrumentation médiatique dans le champ peuvent être interrogés dans ce cadre.

Information Education Communication (IEC), muées nouvellement en Communication pour le Changement de Comportement (CCC) est devenue une

---

[215] - GRIVEAUD Sophie, GILLAUME, M.-C., « Étude sémantique quantitative des termes information, Communication », *Schéma et schématisation*, n°19, 1983.

approche de la communication sur internet. Pour changer les comportements par l'utilisation d'internet, il faudrait un point de départ et des points focaux censés être un gage de réussite de l'implantation d'internet en République Centrafricaine. Ces modèles ont comme point de départ la « connaissance »[216], terme renvoyant à un large éventail allant du fait d'avoir entendu parler de quelque chose à celui d' avoir des notions plus solides permettant d'apprécier la chose en question. Ces connaissances se trouvent dans l'information sous toutes ses formes. Dans ce cadre global, la théorie de la « diffusion des innovations »[217] et celle sur les « étapes du changement de comportement »[218] apparaissent comme le nœud de tout changement dont le but est de comprendre et prédire les comportements des individus. Elle postule que les êtres humains étant rationnels, ils utilisent systématiquement l'information à leur disposition dans leur environnement. Avant d'agir, les gens évalueraient les implications de leurs actions avant de se décider à adopter ou non le comportement en question. Agir sur le comportement des individus exige donc d'avoir une définition opérationnelle du comportement souhaité et d'examiner l'intention comportementale de l'individu.

L'information constitue le point de départ apparemment nécessaire de toute action communicationnelle. Livrée par les campagnes et messages de communication pour le changement de comportement, l'information est censée affecter positivement l'intention, les attitudes, les normes subjectives et l'efficacité personnelle, c'est-à-dire sur ce qui influe sur le comportement de l'individu. Sensibiliser le public revient à l'initier, sous l'influence des médias, à une question ou à l'objet d'un débat public, qui est censé le concerner[219]. L'information diffusée sur un problème donné fournit des données

[216] - MIEGE Bernard, *L'information – communication, objet de connaissance*, Bruxelles, De Boeck, 2004, p.22
[217] - ROGERS Everett M., *Diffusion of innovations*, New York, 5ème edition Free Press, 2003.
[218] - PIOTROW Phyllis Tilson, KINCAID Lawrence & al., *Health communication. Lessons from Family Planning and Reproductive Health*, Westport, Praeger,1997.
[219] - BALLE Francis & al., *Dictionnaire des médias*, Paris, Editions Larousse1998, p.229.

démographiques, sociologiques, psychologiques à même d'influencer la perception que les individus ont de ce problème et, ainsi, de les sensibiliser à la question. Cette sensibilisation peut, dans certains cas, prendre l'allure sinon d'une véritable psychose du moins d'une phobie. L'idée de transmission ou de transfert sous-tend les bonnes intentions de la «philosophie » d'actions de communication pour le développement. La communication pour les changements sociaux représente alors une alternative au modèle de la violence séculaire qui prédomine dans notre champ d'investigation. Elle interpelle les partenaires institutionnels, y compris les Organisations Non gouvernementales (ONG) et Associations pour qu'elles agissent de concert et ouvrent le dialogue avec les communautés, afin de s'assurer que les pratiques de communication et de consultation entreprises sont intégrées dans les modèles de l'organisation sociale. Cela pose le problème de la volonté politique des décideurs, des aptitudes et de l'engagement des prestataires et celui de l'adhésion des populations à la norme proposée[220].

Les moyens de communication de masse jouent un rôle dans l'éveil des consciences, la sensibilisation et l'information sur les nouvelles pratiques et possibilités, mais ils s'avèrent incapables de provoquer la prise de décision pour l'adoption de nouveaux comportements. Les communications interpersonnelles sont probablement plus aptes à influencer les acteurs sociaux. On peut ajouter l'importance des perceptions ou des évaluations des comportements préconisés, le degré de tolérance du public à l'égard du changement proposé, la capacité de pro-action des communicateurs pour mieux faire comprendre au public les avantages des mécanismes retenus et leur gestion, la nécessité de gagner et de conserver la confiance du public, et l'incidence de ce facteur sur la crédibilité des messages des partenaires institutionnels au développement.

---

[220] - LAMAREE Alain « La communication organisationnelle en question », Communication, Edition Nota Bene.vol. 18, 1997.

B. L'amélioration du niveau et de la qualité de la vie

La communication pour le « développement » est une composante d'une politique nationale de communication publique. Alibert De La HAYE et Bernard MIEGE proposent les premiers éléments théoriques de cette modalité de la communication dans la tradition de recherche française au début des années 1980: « l'expression communication publique désigne un ensemble plus vaste, plus englobant »[221] et qui, par conséquent, éclaire beaucoup mieux les caractéristiques principales des rapports entre les politiques publiques et l'information[222]. Elle « est directement au service de l'appareil d'État »[223], c'est-à-dire des services administratifs et des démembrements de l'État bénéficiant de la décentralisation fonctionnelle ou territoriale. La communication publique peut être définie comme étant « la communication formelle qui tend à l'échange et au partage d'informations d'utilité publique, ainsi qu'au maintien du lien social, dont la responsabilité incombe à des institutions publiques multiples et variées »[224]. Jean-Pierre ILBOUDO définit « la communication pour le développement » comme étant « à la fois un cadre de référence pour les partenaires de la coopération (internationale) et un guide d'action pour les acteurs nationaux du « développement ». Elle définit les objectifs généraux et spécifiques à atteindre, ces derniers devant être intimement liés aux grandes options et orientations du « développement » économique, politique, culturel et social du pays.

Au plan conceptuel, ce mode de communication institutionnelle des administrations publiques émerge d'un souci de cohérence, face au caractère très général des schémas et des plans de « développement », insuffisamment

---

[221] - ALIBERT Jean-Louis, De La Haye Yves et MIEGE Bernard, *Production de la ville et aménagement du discours ; les débuts de la communication publique à travers le cas de l'Ile d'Abeau (1968-1978),* Paris : éd. du CNRS, 1982.
[222] - ALIBERT Jean-Louis, De La Haye Yves et MIEGE Bernard, *Production de la ville et aménagement du discours ; les débuts de la communication publique à travers le cas de l'Ile d'Abeau (1968-1978)* : op.cit., p.13.
[223] - *ibid.* p.15.
[224] - ZEMOR Pierre, *La communication publique*, Paris, Editions PUF, 1995, p.5.

mobilisateurs pour pouvoir capter l'attention du citoyen moyen. La communication publique émerge pour tenter de réduire les ambiguïtés lexicales et la grande confusion d'ordre théorique découlant de la variété des expressions utilisées pour désigner les rapports des activités administratives avec celles de l'information. Elle répond cependant à une préoccupation plus pragmatique, la visibilité et la lisibilité de l'action publique, aux niveaux interne et international. Elle n'a point vocation à occuper totalement l'espace public d'un pays, même si elle se situe sur la place publique et s'y déroule sous le regard du citoyen.

La communication pour le « développement » est marquée par les lacunes et les insuffisances conceptuelles de son objet. De ce fait, sa performance ne dépend ni des ressources propres des Sciences de l'Information et de la Communication, ni des dispositifs d'information-communication, mais bien des difficultés insurmontables de la notion de « développement »[225]. Développement renvoie implicitement au développement humain durable dont la finalité est de permettre à tous de se nourrir, de se vêtir, de se soigner[226]. Celui-ci est essentiellement centré sur la lutte contre la pauvreté. Pour beaucoup de spécialistes intervenant au niveau local, la communication pour le développement est généralement saisie comme l'utilisation rationnelle, structurée, organisée des moyens de communication médiatiques et non médiatiques pour encourager le développement en stimulant la participation active et responsable des acteurs et bénéficiaires. L'appui à la population pose comme principes fondamentaux l'ouverture, le dialogue, l'échange et le partage des savoirs entre partenaires sociaux, afin de dépasser leurs contradictions, créer un climat de confiance et établir l'unité et le consensus. Le but est de fournir aux

---

[225] - EKAMBO Jean Chrétien, « Gestion de la césure entre médias traditionnels et médias contemporains dans la construction du développement », *Communication et changement social en Afrique et dans les Caraïbes : Bilan et perspectives* Contribution au colloque international réuni à Douala en avril 2006.

[226] - MISSE Misse, « La communication stratégique : de l'appui au « développement » à la promotion du « changement social ». Une communication de connivence ? », *Communication et changement social en Afrique et dans les Caraïbes : Bilan et perspectives*, Contribution au colloque international réuni à Douala en avril 2006.

populations les capacités techniques en mettant en place les conditions indispensables au développement durable. La communication pour le développement suppose un rapport de partenariat et de réciprocité qui permette l'adéquation des messages à la réalité. Les contenus, formes, méthodes et moyens de la communication doivent correspondre aux besoins, aspirations et systèmes de valeurs des acteurs du développement. Derrière la conception classique de la communication pour le développement se lit en filigrane le transfert de technologie et la transmission d'information. Le processus de conception d'élaboration des messages, moment de créativité, est important dans la communication de développement. Créativité ici s'entend bien au sens psychosociologique de « capacité et méthodes pour trouver des idées ou des solutions neuves», notamment dans un champ aussi complexe et aussi délicat que la communication pour le développement. La problématique tourne donc toujours autour de la question de savoir comment influencer les populations afin de provoquer des changements positifs.

En effet, le temps semble venu, non pas d'un bilan, mais d'un questionnement sur l'évolution de cette pratique de communication dominée par le nominalisme et le pragmatisme qui structurent le phénomène du « développement » comme domaine de pensée et d'intervention dans le système de production et de reproduction en République centrafricaine d'aujourd'hui. Quelles sont ses forces et ses faiblesses ? Quels en sont les référents et la pertinence sociale ? Les enjeux et les défis sont-ils si évidents ?

La communication pour le ««« développement » en République centrafricaine est marquée par les lacunes et les insuffisances conceptuelles de son objet. De ce fait, sa performance ne dépend seulement ni des ressources propres des Sciences de l'Information et de la Communication, ni des dispositifs d'information-communication, mais bien des difficultés insurmontables de la notion de « développement ». La recherche de solutions à l'impasse du « développement » et la nécessité de constituer un discours de légitimation politiquement correct en République centrafricaine sont probablement, à l'origine de deux évolutions dans ce champ : l'intérêt renouvelé pour la communication du « développement » d'une part, la prise en compte de la puissance des questions   sociales et anthropologiques, en termes de comportements, d'autre part.

En effet, sur le mode de la persuasion, de la séduction ou de la prévention, sa mission est de service public : informer, écouter, assurer le lien social et accompagner le changement des comportements individuels, collectifs et organisationnels. La communication publique s'inscrit donc dans le domaine du changement social général. Tout en étant dans une certaine mesure une composante de la « communication publique », cette forme de la communication qui est récupérée dans le champ du « développement », s'en distingue à plus d'un titre. Elle s'inscrit notamment dans une perspective plus large, qui intègre de nouveaux acteurs : des organisations internationales, des entreprises privées industrielles et commerciales, des associations à but non lucratif telles que les ONG nationales et internationales, les associations et les organisations de la société civile, les groupements communautaires et villageois, les syndicats, les institutions religieuses, etc.

La communication en appui aux programmes, qui en est la variable opérationnelle, est une forme de communication organisationnelle, à la fois normative et pragmatique[227]. Elle désigne   un dispositif stratégique de rationalisation de la mise en œuvre des programmes de « développement » social, économique et culturel à travers l'intégration de la communication dans la planification stratégique, l'appui à l'identification des problèmes de comportement, la définition des objectifs de communication clairs, spécifiques, mesurables, appropriés, réalistes et datés, la formulation des résultats à atteindre

---

[227] - LAMAREE Alain « La communication organisationnelle en question », *Communication*, Edition Nota Bene, vol. 18, 1997.

en terme qualitatif (objectifs de comportement)[228]. Visant la réussite technique d'un programme, elle comprend un ensemble varié de stratégies, de techniques et d'actes de communication : techniques d'argumentation (plaidoyer), de sensibilisation, de persuasion (Information, Éducation, Communication) et de mobilisation sociale destinées à produire des identités et à convaincre des publics divers de s'impliquer et de soutenir les initiatives entreprises dans divers secteurs des mutations sociales.

Son objectif est, *in fine*, d'organiser la conduite, les attitudes, les comportements et les pratiques des populations en vue de l'adoption des normes souhaitées par les programmes et projets de « développement »[229], généralement en rupture avec les compétences de vie locales, tout en assurant le marketing des organisations émettrices, dont s'occupent leurs chargés de la Communication extérieure[230].

Ainsi, le « développement » ne peut être ni une évidence, ni un contrat d'adhésion. L'évolution du vocabulaire doit être mise à profit, pour envisager le changement.

---

[228] - MISSE Misse, *Pour une réévaluation de la communication sociale pour le développement (approche sociopolitique)*, Note de Synthèse des Travaux en vue de l'HDR, Grenoble 2003.
[229] - MEZZALAMA Francesco, *Communication for development programmes in the United Nations*, rapport, Genève, 1994.
[230] - ULF Himmelstrand, « Processus d'innovation et changement social: théorie, méthode et pratique sociale », *Revue internationale des sciences sociales*, 1981.

Conclusion de la Partie 2

Dans le monde moderne caractérisé par un développement continuel, un des secteurs qui ne cesse d'évoluer est celui de la technologie de l'informatique. Durant les deux dernières décennies, cette industrie a révolutionné notre quotidien, notamment avec l'apparition de l'internet. Les innovations technologiques ont abouti à un accroissement considérable des débits pour le transport des données de toute nature, à l'instar des voix, de l'image, du son et du texte. Des débits qui sont désormais quasiment illimités passent par des systèmes nouveaux, hertziens et de plus en plus légers comme le Wifi et les autres développements annexes qui font d'Internet le vecteur essentiel des communications et des échanges d'informations à distance. Avec le développement croissant des technologies basées sur le protocole IP et des services aux clients, le trafic de données dépasse désormais tous les autres modes de communications à distance et son augmentation va s'accélérer avec la croissance de la demande en liaisons à haut débit partout dans le monde, par tous les types d'utilisateurs jusqu'au niveau domestique. Une nouvelle forme de fracture numérique s'est établie entre les zones, les entreprises, les individus qui peuvent avoir accès au haut débit et ceux qui ne le peuvent pas. L'internet est un nouvel espace de vie dans lequel on se construit une identité numérique. Les jeunes y trouvent de quoi enrichir leur culture générale. C'est un moyen pour les internautes de communiquer, échanger et nouer des partenariats avec d'autres correspondants. Les possibilités qu'offre internet permettent de bénéficier de la plus gigantesque source d'informations et de distractions jamais disponible, à portée de main. Au départ, internet était un outil du monde de la recherche et de la science. Les informations étaient échangées entre les universités et les institutions ; la puissance de l'informatique et les télécommunications ont été utilisées conjointement pour approfondir les connaissances. Chaque internaute peut être créatif et partager ses idées avec des utilisateurs du monde entier. Internet permet à chacun de devenir éditeur ; chacun peut même réaliser et publier son propre site web. Des constats relevés en République centrafricaine montrent qu'il n'existe pas une volonté politique réelle de faire progresser rapidement la connexion internet. Face à l'instabilité politique, à l'insécurité et à la situation économique difficile de la République centrafricaine, la volonté politique est souvent émoussée et laisse place à des pratiques qui laissent à penser que la volonté de faire évoluer rapidement la connexion internet est inexistante.

Conclusion générale

Parler d'ordinateur et d'internet dans un pays comme la République Centrafricaine où l'accès à l'électricité est une chose inconnue pour la quasi-totalité de la population, relève de la fiction ou du luxe. Le faible taux de pénétration d'internet et le coût élevé de la connexion tiennent essentiellement à l'absence de réseaux internationaux de haute capacité en République centrafricaine. Des initiatives sont engagées cependant pour développer les réseaux internationaux et mieux raccorder le pays au reste du monde.

Aujourd'hui, plus encore demain et plus que jamais, l'internet se présente comme un outil de communication de premier ordre grâce aux facilités d'échanges et d'accès à l'information et à la culture qu'il offre. Du courrier électronique au site web, tous les services en ligne sont potentiellement intéressants à utiliser pour l'apprentissage des connaissances. Cette facilité de création, d'échange ou de consultation par internet est une aubaine pour la République Centrafricaine, pays très pauvre et sous développé.

Allié à l'ordinateur, l'Internet constitue un support nouveau et performant pour la diffusion de l'information. L'un de ses avantages est la possibilité qu'il offre de chercher dans le web riche en informations, et de dialoguer en communication immédiate avec d'autres internautes, ce qui dépasse la relation individuelle entre le lecteur et le livre ainsi que la relation traditionnelle entre l'expéditeur d'un message et le destinataire.

Depuis son apparition, l'internet est appliqué dans presque tous les domaines et devient aujourd'hui inséparable de la vie courante. En effet, il est omniprésent dans la vie contemporaine. Du fait de ses particularités, l'internet est aussi de plus en plus un outil de culture générale. L'internet est mondial car il dépasse la frontière nationale et continentale. À l'aide de l'internet, la communication se fait plus facile sans avoir besoin de poste ni de facteur. L'internet est un outil qui permet de trouver facilement des documents du monde entier. L'internet est rapide puisque c'est un outil de recherche très efficace. L'internet est communicatif, autrement dit, c'est un outil de communication qui permet d'échanger des opinions et de trouver la réponse dans la recherche. L'emploi de l'internet n'a pas de limite.

Tirer parti du potentiel de l'internet en termes de croissance et d'amélioration sur le plan social nécessite d'agir en collaboration entre les secteurs. L'exploitation de l'internet est une entreprise qui implique une multitude d'acteurs politiques dans différents secteurs. L'innovation ne suffit pas. Les idées ne suffisent pas. Des infrastructures appropriées sont nécessaires pour développer l'internet en République Centrafricaine où il existe des limites évidentes à son accès et à son utilisation. Pour les surmonter, un investissement approprié dans les infrastructures ainsi que des facteurs tels que l'accès, le caractère abordable, la sensibilisation et l'attractivité des solutions auxquels il est fait référence par les conditions d'utilisations, sont nécessaires.

Le Gouvernement peut jouer trois rôles essentiels dans le développement de l'internet en République Centrafricaine, en même temps, celui de leadership, de gouvernance et de promotion des services d'internet. Dans chacun de ces rôles, il devrait chercher le meilleur moyen pour faire intervenir les bailleurs de fonds et le secteur privé, afin de maximiser l'accès des internautes à l'internet. L'investissement dans l'internet est vital pour la République centrafricaine car, comme l'explique Abdoul AZIZ NDOYE, « Rien ne peut se faire sans l'apport des nouvelles technologies. Quels que soient les projets que l'Afrique veut enclencher, cela passe par les nouvelles technologies. Et c'est vrai pour tous les secteurs de l'économie »[231].

Le plus grand défi en République Centrafricaine aujourd'hui reste la modernisation du réseau d'accès au consommateur, son extension au monde rural et surtout son interconnexion. Les évolutions technologiques permettent en

---

[231] - cité par COL Pierre, « Où en est internet en Afrique ? » in *Infra net*, [En ligne], mis en ligne vendredi 11 juin 2010, URL : http://www.zdnet.fr/actualites/ou-en-est-internet-en-afrique-39752329.htm

théorie d'y répondre et d'échapper à une certaine «rugosité» de l'espace physique mais à quelles conditions?

C'est la technologie qui offre les plus grandes possibilités de s'affranchir des contraintes territoriales en captant directement les signaux satellitaires, et aussi par conséquent le plus de possibilités de fraude, en ignorant l'État, seul détenteur et attributaire des fréquences et qui en outre permet difficilement la connexion avec son voisin.

Le défi à relever est immense car si la République centrafricaine doit faire marcher les réseaux, elle doit aussi trouver une solution aux problèmes de l'eau, de l'électricité et des routes qui sont les préalables de leur développement.

Bibliographie

Ouvrages généraux

- AUDOUIN Alice, *La communication responsable*, Paris, Eyrolles, coll. « ED Organisation », 2010, 254p.

- BALLE Francis, *Médias et Société : Edition-Presse-Cinéma-radio-Télévision-Internet*, Paris, 16ème édition LGDJ, coll. « Domat politique », 2013, 876p.

- BRETON Philippe, *L'utopie de la communication. Le mythe du village planétaire*, Paris, La Découverte & Syros, 1992, 171p.

- BRETON Philippe, PROULX Serge, *L'explosion de la communication*, Paris, La Découverte, 2012, 376p.

- CLAESSENS, Michel, *Science et communication, pour le meilleur ou pour le pire ?* Versailles, Editions, Quae, 2009, 172p.

- DACHAUX Eric, *Les sciences de l'information et de la communication*, Paris, CNRS, coll. « Les Essentiels d'Hermès », 2009,163p.

- D'ARCY Jean, *Penser la communication au XXᵉ siècle*, Paris, Publication de la Sorbonne, coll. « Histoire de la France aux XIXe et XXe siècles », 2014, 285p.

- EDMOND Marc, PICARD Dominique, *Relations et communications interpersonnelles*. Paris, Dunod,2000, 126p.

- FAUCHOUX Vincent, DEPREZ Pierre, BRUGUIERE Jean-Michel, *Le droit de l'internet – Lois – contrats et usages*, Paris, 2ème édition Lexis Nexis, coll. « Droit &Professionneks communication et commerce électronique », 2013, 445p.

- LIBAERT Thierry, 2008, *Communiquer dans un monde incertain*. Paris : Pearson, coll. « Management », 240p.

- MATTELART Armand, *La communication-monde. Histoire des idées et des stratégies*, Paris, La Découverte, 1992, 356p.

- PERRIAULT Jacques, *La logique de l'usage : essai sur les machines à communiquer*, Paris, Flammarion, 1989, 253p.

- RAVAZ Bruno, *Droit de l'information et de la communication*, Paris, Ellipses Maketing, coll. « Infocom », 2006, 176p.

- SAUVAJOL-RIALLAND Caroline, *Mieux s'informer pour mieux communiquer : Décrypter, sélectionner, transmettre*, Paris, Dunod, 2009,196p.

- VANOYE Francis, *Expression, communication*, Paris, A. Collin. 1990, 251p.

- WEINER Norbert, *Cybernétique et société. L'usage humain des êtres humains*, Paris, Union générale d'éditions, 1962 (1948), 250p.

- WOLTON Dominique, *Penser la communication*, Paris, Flammarion, coll. « Champs Essais », 2008, 401p.

- WOLTON Dominique, *Informer n'est pas communiquer*, Paris, CNRS, coll. « Débats », 2009,147p.

Ouvrages spécialisés

- AGOSINELLI Serge, *L'éthique des situations de communication numérique*, Paris, L'Harmattan, 2005, 228p.

- BIAGINI Cédric, CARNINO Guillaume, *La Tyrannie technologique : Critique de la société numérique*, Paris, Editions L'Echappée, coll. « Pour en finir avec », 2007, 254p.

- BIAGINI Cédric, *L'emprise numérique : Comment internet et les nouvelles technologies ont colonisé nos vie*, Paris, L'échappée, coll. « Pour en finir avec », 2012, 448p.

- BONJAWO Jacques, 2011, *Révolution numérique dans les pays en développement L'exemple africain*. Paris : Dunod, coll. « Hors collection », 192p.

- BOURDIN Aymeric, *Le numérique, Locomotive de la 3e Révolution industrielle ?*, Paris, Ellipses, 2013, 208p.

- DENOUËL Julie, GRANJON Fabien (sous la direction de), *Communiquer à l'ère numérique. Regards croisés sur la sociologie des usages*, Paris, Editions Presses des Mines, coll. « Sciences sociales », 2011, 320p.

- DOUEIHI Milad, *Qu'est-ce que le numérique*, Paris, Presses Universitaires de France, 2013, 64p.

- FLICHY Patrice, 2001, *L'imaginaire d'internet*. Paris : La Découverte. 273p.

- FLIPO Fabrice, DOBRE Michelle et MICHOT Marion, *La face cachée du numérique : L'impact environnemental des nouvelles technologies*, Paris, Editions L'Echappée, coll. « Pour en finir avec », 2013, 135p.

- FOGEL Jean-François et PATINO Bruno, *La condition numérique*, Paris, Grasset, 2013, 216p.

- GABAS Jean-Jacques, *Société numérique et développement en Afrique - Usage et politique*, Paris, Karthala, 2005, coll. « Hommes et sociétés », 379p.

- GHERNAOUTI Solange et DUFOUR Arnaud, *Internet*, Paris, coll. « Que sais-je ? », n°3073, 2012, 128p.

- GUEDON Jean-Claude, *Internet : le monde en réseau*, Paris, Gallimard, coll. « Découvertes Gallimard – Sciences et techniques », 2000, 128p.

- HUET Jérôme, DREYER Emmanuel, *Droit de la communication numérique*, Paris, LGDJ, coll. « Manuels », 2011, 376p.

- JORION Paul, *La guerre civile numérique*, Paris, Textuel, coll. « Conversations pour demain », 2011, 109p.

- JOUËT Josiane, RIEFFEL Rémy, *S'informer à l'ère numérique*, Presses Universitaires Rennes, coll. « ResPublica », 2013, 200p.

- MAHE Gaël, *Systèmes de communications numériques*, Paris, Ellipses, coll. « Références sciences », 2012, 216p.

- NIEL Xavier et ROUX Dominique, *Les 100 mots de l'internet*, Presses Universitaires de France, coll. « Que sais-je ? », n°3809, 2012, 127p.

- RIEFFEL Rémy, *Révolution numérique, révolution culturelle ?*, Paris, Folio, coll. « Folio actuel », 2014, 352p.

- RIFKIN Jeremy, *La troisième révolution industrielle. Comment le pouvoir latéral va transformer l'énergie, l'économie et le monde*, Paris, Editions Les liens qui libèrent, 2012, 380p.

- SCHAFER Valérie, *Information et communication scientifiques à l'heure du numérique*, Editions CNRS, coll. « Les essentiels d'Hermès », 2014, 215p.

- STRAUSS André, *L'individu face à la révolution technologique*, Centre d'Etudes Appliquées à la Communication, 1989.

- TEYSSIE Bernard, *La communication numérique, un droit, des droits*, Paris, Editions Panthéon-Assas, cool. « SC.JUR & POL », 2013, 626p.

- WIEVIORKA Michel, *L'impératif numérique ou La nouvelle ère des sciences humaines et sociales ?*, Editions CNRS, coll. « DEBATS », 2013, 64p.

Articles

- BAVEREZ Nicolas, « La contre-révolution numérique », *Le Point*, 10 octobre 2013.

- GALLEY Robert, « Au seuil de la révolution informatique », *Renouveau de l'électronique française*, [En ligne], URL : http://www.monde-diplomatique.fr/1968/12/GALLEY/28743

- KAPLAN Daniel, « S'approprier la révolution numérique », *Alternatives Economiques*, n°137, mai 1996.

- SORBIER Laurent, « Quand la révolution numérique n'est plus virtuelle », *Esprit*, mai 2006, p.121-127.

- VERROUST Gérard, « Histoire, épistémologie de l'informatique et Révolution technologique », [En ligne], URL : http://cristal.inria.fr/~weis/info/histoire_de_l_info.html

Table des matières

www.ingramcontent.com/pod-product-compliance
Lightning Source LLC
LaVergne TN
LVHW042336060326
832902LV00006B/205